現代思想としての清沢満之

安冨信哉

法藏館

序にかえて

本書は、安冨信哉先生が『清沢満之と個の思想』(法藏館、一九九九年。以下『個の思想』)以降に執筆された、清沢満之に関する著述一〇篇を論文篇、講演篇に分類し刊行するものである。

『個の思想』は、博士学位論文「宗教的「個」の思想——清沢満之と精神主義」(一九九八年。大谷大学提出)に補筆し、出版されたものであるが、安冨先生は生前、「『個の思想』以降に清沢先生に関して執筆したいくつかのものがあるから、それをまとめて本にしたいと思っている」と屢々お話しになっていた。本書は先生のその思いをかたちにするという趣旨のもとに編まれたものである。

私事ではあるが、大谷大学大学院修士課程で安冨先生のゼミに在籍させていただいて以来、多くのご指導をいただいた。先生は当時、博士ゼミをご担当ではなかったが、私が博士課程の頃もゼミの垣根なく合同ゼミや例会、『清沢満之全集』(岩波書店)編集実務などの際にご指導をいただき、博士論文の指導教員をお願いした際にも快くお引きうけいただき懇切な指導を賜った。私が教員として大谷大学に奉職するようになってからも、折々に先生とご一緒する機会があり、先生の研究室や短期大学部仏教科の一般研究室などで、これまでの研究で課題にされたこと、現在、執筆している論文についてなど、さまざまにお話をうかがった。

安冨先生は当代一の清沢満之研究者であり、その膝下でお話を聞けることは、同じ分野を研究テーマとする私にとってこれ以上にない恵まれた時間であった。いま事改めて振り返ると、その内容はいわゆる研究上の新説を披瀝するという類の話ではなく、これまで課題としてきたこと、いま課題としていることのあれこれについてであったことが、その口調や話しぶりまでもふくめ、憶いおこされてくる。

先生が初めてご自身の研究を世に問われた書は『親鸞と危機意識』（文栄堂、一九九一年）であったが、その「自序」において先生は、自らの真宗研究における課題を率直に、次のように披瀝しておられる。

親鸞と危機意識。このテーマに私が関心を懐くようになって、もうかなりのときがたった。私のなかでこのテーマは、しばしば途切れながらも消えずに続いてきた。私はなぜ「危機」という視点から親鸞について考えるようになったのだろうか。ことの発端は、今さだかではない。が、いつしか懐くようになった私自身の生の危機感が、私をこのテーマに駆り立てたことは間違いない。一見、平穏無事に過ぎていくかにみえる日常生活。しかしその陰には、いつも危機がひそんでいる。その危機は、あたかもダモクレスの頭上に一本の毛髪で吊された剣のように、私を見おろしている。

（「自序」、『親鸞と危機意識』七頁）

ここに述べられるように先生の研究姿勢は、従来にない切り口から新たな親鸞像を掘り起こす、という研究業績上の野心に満ちた営みなどではない。自らが懐く「生の危機感」を「危機意識」の一語で明確化し、その主体的な課題を親鸞の生涯と思想に問い尋ねつつ思索する姿勢である。それはどこまでも「親鸞「の」危機意識」ではなく、「親鸞「と」危機意識」という題において尋ねられるべき事柄であったのである。この研究態度は、後に『個の思想』において「規範的方法としての真宗学」として明確に述べられていく。

私が宗教的「個」としての満之の生きざま、そしてその個の思想に学ぼうとするのは、私自身、一種の精神的漂泊感から抜け出せないからである。私は、自らが一本に貫かれた確かな中心軸を欠落した、まさに軽い鳥の羽毛が風のなかにフワフワ動くような「軽毛の凡夫」であることを大仰ではなく実感させられる。（中略）

従来、宗教研究においてさまざまな方法が採られてきたが、私が小著で採る中心的な方法は、厳密な文献学と客観的アプローチを特徴とする〈科学的方法〉でも、比較思想や哲学的アプローチを特徴とする〈人文学的方法〉でもない。真宗学の伝統がこれまで採ってきた〈規範的方法〉（normative approach）である。

（「序　問題の所在」、『個の思想』八頁）

私自身、一人の研究者として先生が明らかにしてくださった清沢研究の知見に多くのことを教えられ、大きな学恩をうけている。しかし、それらの知見は先生ご自身の主体的な課題を満之の生涯のあゆみと思想に問い尋ねる営為のなかで語られてきたことである、という事実を、けっして見落としてはならないと思う。

この規範的方法としての真宗学ということについて、後に歴史学の研究者から批判的な意見が出されたこともあったが、先生は十分にそのことをご承知の上で、なおこの研究方法を変えられることはなかった。それは先生が、どこまでも「真宗学」の研究者であることを選び取られ、自らに課されていたからに他ならない。

本書は、先生の一論文のタイトルを採用し『現代思想としての清沢満之』という題を付した。当該の論文は、ある会においてご自身の研究を回顧する講演を依頼され、述べられたものを原稿化する際に、あらためて書き下ろされたものである。この論稿の課題を先生は、「「精神主義」に代表される清沢満之の思想を、近代（過去）の思想としてだけでなく、現代にも意義ある有効な思想として」試考すると述べられている。ここに言われる現代とは主に「同時代的（コンテンポラリー）」という意味である。それは、いついかなる時代であっても、直面する課題の中に投げ出されてある我が身そのものに、教えを聞き開く場を見出し、その課題に向きあう本来的自己（宗教的「個」）を恢復せしめる思想として、満之の思想に学ぶという視点である。論点は多岐におよんでいるが、その中で『個の思想』以降に先生が取り組まれ、現在進行形で課題とされていたことは、主に本書第五論文の「三、「精神主義」再考の諸点――倫理問題を手がかりに」に述べられている。そこで課題とされたことは先生の清沢研究を集約的にあらわす「宗教的「個」」の内実であり、満之の語る宗教的「個」は関係的「個」という意味をもつ、ということである。それは仏教の縁起観に背景をもつ満之の了解である。

周知の通り、この視点は『個の思想』においてすでに述べられている。しかし、その刊行後も満之の信仰には社会性が欠如しているという見解が根強く主張された。その状況に対し、満之における関係的「個」、宗教的「個」の公共性を明確な課題として研究を進める必要性を、先生は頻繁にお話しになり、改めて課題として論題に掲げ、掘り下げていくことを研究の軸にしておられた。そのことは本書に収載した論稿でも特に、自ら主体的にテーマを設定された論稿に顕著にしめされている。先生の関心に呼応してか、この課題を共有し、清沢研究を進める研究者も現在では生まれている。

一〇年ほど前になるが、先生のゼミ生の卒業論文の副査を担当した際、ある学生の「真宗学の普遍性は如何にして成り立つか」という問題意識に対し、先生は「真宗学であなたが答えと思っていることを共有してもらうのではなく、課題の共有（現代の諸問題を通して、その問題を生み出す人間自身の課題を問う）というところに、さまざまな異なる背景をもつ人との対話を可能にし、真宗学の普遍性を述べていく大切なポイントがある」と指摘されていた。こころ竊かに思った。先生のあの深く、かつ広やかな学びを必然しているのは、この「課題の共有」という意識であるのか、と。

本書は題も構成も先生自身の手によるものではなく、教え子の我々が編纂したものです。したがって、先生が課題とされていたことを十全に表現したものとはなっていない、と自認していますが、本書をお読みいただく方の中に、先生の問題意識の重要性に共感し、課題を共有し、清沢満之に心を寄せていただく方がお一人でも生まれることを願って本書を刊行する次第です。

本書がなるにあたっては、先生のご夫人、安冨裕美子様に全面的なご理解をいただき、出版に向けた編集をすすめることができました。ありがとうございました。私自身は、この「序にかえて」を書く以外、実務を行っておらず、実際に編集を行っていただいたのは次の諸氏方です。大谷大学専任講師のマイケル・コンウェイ氏には本書の出版計画の段階から編集・出版の全般にわたり、監修をいただきました。真宗大谷派教学研究所研究員の名和達宣氏には出版社との話し合い、編集全般の作業とともに、収録論稿について氏の視点からの「解説」を執筆いただきました。大谷大学任期制助教の川口淳、光川眞翔の両氏には先生の論文・講演録の渉猟から、煩瑣な校正作業までを丁寧に行っていただきました。大谷大学職員の後藤智道、相馬晃の両氏、教学研究所助手の難波教行氏には検討会の際に編集の方向性やタイトルの検討などについて貴重なご提言をいただきました。

また、二〇一七年一〇月七日に大谷大学で勤められた「安冨信哉先生追悼会」の際に、ご関係の皆様から、沢山の御懇志をおあずかりしました。追悼会にお集まりの皆様には、三帰会（安冨ゼミ同窓生の会）が中心となって催す何らかの機会に、おあずかりした御懇志をあてさせていただくことを、ご了承いただいておりましたが、本書の出版に際し、その全額を出版費にあてさせていただきましたことをご報告いたします。このように、本書は安冨先生のことを憶う皆様の懇意によって、刊行することができたものです。三帰会を代表しまして、衷心より御礼を申しあげます。

二〇一九年三月

大谷大学専任講師　西本祐攝

現代思想としての清沢満之　目次

序にかえて……西本祐攝　i

I　論文篇

清沢満之の公共思想……5
はじめに　5
一、内観反省から浩々洞へ　7
二、『有限無限録』の公共思想　10
三、公共性の回復――「精神主義」へ　15
おわりに――自律と協同　19
清沢満之における念仏――自己回復への道……25
はじめに　25
一、清沢への疑問　26
二、念仏為本の伝統　29

三、「他力の救済」　32
おわりに　36

宗教的「個」の課題――「精神主義」における自己と他者……39
一、「我」の時代　39
二、「我」と「他者」　43
三、宗教的「個」の形成と特質　46
四、「今ノ世」の独我論的状況と「精神主義」　54
五、宗教と倫理の葛藤　57

明治中期における宗教と倫理の葛藤
――清沢満之の「精神主義」を視点として……65
はじめに　65
一、明治仏教と倫理　66
二、倫理から宗教へ　70

三、宗教から倫理へ　74
おわりに　79

現代思想としての清沢満之
――そのカレイドスコープの一視角から……83
はじめに　83
一、私の「精神主義」研究　86
二、研究に見出されたこと――宗教的「個」の思想として　91
三、「精神主義」再考の諸点――倫理問題を手がかりに　96
おわりに　101

Ⅱ　講演篇

清沢満之と「精神主義」……107
はじめに　107

一、危機の諸相　113
二、危機の内観　119
三、回心・転機の教学　125

個立と協同——石水期・清沢満之を手がかりとして……133
はじめに　133
一、石水期について　137
二、『在床懺悔録』　141
三、『他力門哲学骸骨試稿』　146
おわりに　152

近代と真宗——宗教的「個」の系譜……155
一、「近代と真宗」への一視点　156
二、「種」の論理と、時代としての近代　157
三、清沢満之における宗教的「個」　161

四、高木顕明における宗教的「個」 168
五、佐々木月樵における宗教的「個」 172

人間成就の教育——清沢満之の教育観 …… 177
はじめに 177
一、自己の修養・他己の開発 179
二、ソクラテス的教育法 184
三、議論と大笑い 187
四、「教育勅語」体制のなかで 189
五、浄土真宗の学場 192
六、独尊子の養成 197
おわりに 200

今、清沢満之に憶う——生誕一五〇年にあたって …… 203
一、清沢満之没後一一〇年、生誕一五〇年 203

二、「心の習慣」 205
三、士族の家柄からくる武士的精神 208
四、外国語を通して開明的な精神を養う 210
五、「士徳」に育まれた宗教的精神・母の残した求道的精神 213
六、一生を貫く帰依三宝の精神 215
七、大いなる気概、理詰めの体質 217
八、満々たる自負心の裏にある深い不安 220
九、宗教の主体的・求道的・思想的研究 223
一〇、清沢先生の僧伽への祈り 226
一一、何によって「不安に立つ」か 228
解説……………………………………名和達宣 231
初出一覧 247

凡例

一、本書に使用した典拠のうち清沢満之の著作は、大谷大学編『清沢満之全集』（岩波書店）を用いた。

一、安冨信哉編・山本伸裕校注『清沢満之集』（岩波文庫）に収録されている著作は、『清沢満之全集』の出典指示の後、該当頁を示した。

一、『真宗聖典』（東本願寺出版）に収録されている著作は、原則として同書を用いた。

一、引文を省略する際は、「（中略）」「（以下略）」と表記した。

一、引文は原則として常用漢字に改めた。

一、引文の出典は、左の通り略記した。

『清沢満之全集』（岩波書店）………『清沢全』

『清沢満之全集』（法藏館）…………法藏館版『清沢全』

『清沢満之集』（岩波文庫）…………『清沢集』

一、引文の改行箇所や、誤植と思われる箇所は、編集の判断で適宜修正した。

一、Ⅰ・Ⅱ篇の本文に登場する人物の年齢は、原則として数え年で示した。

現代思想としての清沢満之

I

論文篇

清沢満之の公共思想

真宗連合学会より二〇〇四年に発行の『真宗研究』第四八輯に掲載された論文。前年、清沢満之の没後一〇〇年目の命日（二〇〇三年六月六日）に、大谷大学で開催された真宗連合学会第五〇回大会の特別部会「真宗と近代」において報告された研究発表をもとにしている。

はじめに

明治期の真宗教団において、大きな役割を果たした社会思想は、真俗二諦論であるといっても過言ではない。真宗大谷派においては、一八七五（明治八）年六月に厳如上人が「五箇条篇目の消息」を出し、二諦相依の教旨は真宗の根幹であると表明している。[1] ここには、一八七〇（明治三）年一月の大教宣布の詔、一八七二（明治五）年四月発布の三条教則（敬神愛国・天理人道・皇上奉戴）などの一連の維新政府の神道国教化政策に一面妥協しつつ、真宗の存立を国のなかに図っていこうとする教団の苦肉の策があった。

　とくに明治の大谷派宗門は、両堂再建や負債償却などのために多大な資金を必要とした。そして門徒・末寺からの募財の達成にあたって、法主の名による垂示を頻発したが、そのときに用いられた有力な論理が真俗二諦論である。

　また日清・日露戦争の折に発布された垂示には、「朝家の御ため国民のため」というスローガンとともに、二諦相依・王法為本のイデオロギーが顕揚され、報国の忠誠を尽くすべきことを門末に奨励している(2)。

　このように真俗二諦論は、事あるごとに強調されるようになり、論者のなかには、天皇制国家への協力、あるいは明治国家の忠良な臣民を真宗教団の意志として育成すべきことを、真俗二諦論に基づいて積極的に説く者も多く現れた。

　清沢満之（一八六三［文久三］～一九〇三［明治三六］）は、一九〇三年五月に、『精神界』誌上に「宗教的道徳（俗諦）と普通道徳との交渉」という論文を発表し、宗門内において流布している俗諦論に対して自己の立場を述べている。この論文のなかで、清沢は、俗諦門が開かれた本意は、けっして仁義忠孝を勧めるものではなく、その目的は、逆に道徳の実行できないことを私たちに感知せしめ、真諦へと導くために設けられたと主張する。

　このような清沢の俗諦論について、ある論者は、「満之は俗諦を捨てて真諦の一辺によった。国家・社会を捨てて、個人の心の中にひたっていったのである」と論究する(3)。この論究に端的に窺われるように、「精神主義」に代表される清沢の思想は、社会性が欠除していると言及される。ただ私たちは、清沢が、その手記で、《公》《公共》《公共心》についてしばしば言及していることに注意を払うべきではないだろうか。本稿では、「公共」という語をキーワードとして、清沢の社会思想について考察してみたい。

一、内観反省から浩々洞へ

まず本題に入る前に、清沢の一八九八（明治三一）年から一九〇〇（明治三三）年までの歩みを概観しておきたい。清沢は、これまで結核に罹りながらも、宗門改革運動を推し進め、『教界時言』を通して、主に宗門世論に訴えていった。しかし運動の主唱者として除名処分を受けた。その病気中の日記として、一八九八年一月「病床雑誌」を、三月「徒然雑誌」を起稿する。しかし宗門改革運動に失敗し、『教界時言』を廃刊する。同時に除名処分を解かれた。

五月に三河大浜の西方寺に入るが、改革運動を切り上げて修養の道に入りたいと、河野法雲に述懐している。

少部分の者が如何に急いでもあがいても駄目だ。よし帝国大学や真宗大学を出た人が多少ありても、此の一派――天下七千ケ寺の末寺――のものが、以前の通りであつたら、折角の改革も何の役にもたゝぬ。初に此のことがわかつて居らなんだ。それでこれからは一切改革のことを放棄して、信念の確立に尽力しやうと思ふ。

（法藏館版『清沢全』第五巻、六二二頁）

このときから清沢は、自己の修養を徹底し、その修養の記録を『臘扇記』に著していく。この一八九八年から九九年の『臘扇記』を書いた時期を、『清沢満之全集』（岩波書店、二〇〇二〜二〇〇三年）第八巻では「内観反省　大浜」と位置づけている。

なお、一八九八年に書かれた日記、書簡における清沢の関心をまとめてみれば、「病床雑誌」では、内地雑居への関心（一月一五日）、『阿含経』書写（一月二二日〜二月一九日）、西方寺入寺問題（二月二七日）、などが注意される。また「徒然雑誌」では、『阿含経』書写（三月一七日）、内地雑居への関心（六月一五日）、西方寺での苦悩（七月九日）、などが窺われる。

また『臘扇記』では、『エピクテタス語録』書抜き及び思索（九月二七日〜）、生死の内観、狂歌吟（一一月二一日、二二日）、僧家子弟修学指針（一一月二〇日）、完全の社会（一八九九年二月二五日）、ほかへの言及が注意される。さらに友人宛の書簡では、大谷派宗政、『エピクテタス語録』、真宗大学移転・建築・学監就任、西方寺入寺問題、などが取り上げられている。

一八九九（明治三二）年六月、清沢は、新法主彰如（句仏上人）の招きによって、病気の身体を押して東京に出、本郷森川町の近角常観の家に入り、以後、新法主の補導にあたる。

その上京の決意について、清沢はつぎのように述べている。

小生一個に付いても単純に申述候へば、只だ大学生に対する一片の心と、真宗大学と云ふものを思ふ一片の心は、今日の如き場合には、一ツ前後左右を顧みず、盲目的に引受けても見度存

候
（一八九九年七月五日月見覚了宛書簡、『清沢全』第九巻、一九二頁）

上京のその日から、清沢は『有限無限録』を執筆し、ついで『転迷開悟録』に進む。また翌年五月には、「心霊の諸徳」を『政教時報』に寄稿する。そして九月から上京した真宗大学学生と浩々洞での共同生活を始める。この時期を『清沢満之全集』（岩波書店）第八巻では「浩々洞　東京」と命名している。

なお、一八九九（明治三二）年の随感録、一九〇〇（明治三三）年の寄稿文における清沢の関心について一言すれば、まず『有限無限録』を挙げることができるが、『有限無限録』は、九一項目からなる小題目を立てた短文集である。本稿の中ほどに論じられる《公》《公共》《公共心》についての諸稿は、時代の病弊への鋭い認識であるとともに、パブリックなものの見方の回復を自己において目指すものである[4]。

『転迷開悟録』は『有限無限録』と同じように、小題を立てて三六項目にわたって草した短文である。これらのうちのいくつかは、当時の諸誌に投稿した原稿の下書きになっている。無我論という仏教的観点から公共（心）について述べた論稿が散見される。

さらに「心霊の諸徳」は、近角常観の編集する『政教時報』に断続的に寄せられたもので、とくに真宗中学の生徒のために書かれた修養論である。「心霊」（personality）を開発する題目を一二項目にわたって掲げ説諭する。忍辱、不諍、従順、和合などについての諸稿は、万物一体観に基づいた公共心の涵養を示す。

二、『有限無限録』の公共思想

1. 公（おおやけ）

清沢は、学生時代を東京で過ごしたのであるが、一〇年後に再び帰って来ることになる。病気のなか宗門の願いに応えてのことであった。当時の随感録に、まず自分自身の行いについて、善悪の判別を設けている。

無限的行為ハ善ナリ（公ノ為ニスル行為ナリ）　有限的行為ハ悪ナリ（中略）正義公道ハ善ナリ
不正義私道ハ悪ナリ

（『有限無限録』［二］善悪、『清沢全』第二巻、一〇二～一〇三頁）

我心頭ヲ悩スモノハ名利権勢ナルヤ正義公道ナルヤヲ細察スベシ

（『有限無限録』［七］実際、『清沢全』第二巻、一〇五頁）

そのように省察する自己は、病気に蝕まれている。一八九四（明治二七）年四月、禁欲生活の無理がたたり、風邪をひいた清沢は、医師より肺結核と診断され、それを証するように喀血があった。そしていま、発病以来五年の歳月を経て、症状は、小康状態を保っているとはいえ、確実に進行していた。清沢は、自らを顧みて、

曰ク身体ハ是レ苦器ノミ　故ニ吾人ハ身体アル以上ハ苦ヲ受クルカ当然ナリ

と諦観している。まさに自己は「苦しみの器」であるが、しかし清沢は、この「苦器」をそのまま「公器」と受け止める。

（『有限無限録』〔二七〕道心ト人心ノ争闘、『清沢全』第二巻、一一三頁）

身体髪膚之ヲ父母ニ受ク敢テ毀傷セサルハ孝ノ始ナリ　然リ身体髪膚之ヲ絶対無限ニ受ク敢テ毀傷セサルハ報恩ノ始ナリ　身体髪膚ハ絶対無限ノ恩賜ナリ　決シテ我物ニアラサルナリ

（『有限無限録』〔五四〕宗教ノ実用、『清沢全』第二巻、一二五頁）

この言葉は、身体の公性を語るものである。ここに、我がいのちは、私有化できないものであることが認識されている。すなわち自然の産物であるこの生理的身体を、清沢は、絶対無限に賜る公共的身体であると確かめるのである。

2. 公共性

ついで清沢は、このような個人道徳から社会道徳へと関心を移してゆく。以下、『有限無限録』には、《公共》という語が頻出する。この《公共》という言葉は、おそらく明治になってから用いられた訳語であろう。明治の啓蒙思想家である西周（一八二九～一八九七）は、西洋の社会主義思想を紹介するなかで、「公共党」（ソシアリスト）、「公共学」という語を批判的な意味を込めて用いる。(5) 公共という語が積極的な意味をもつようになったのは、明治中期になってからであると思われる。

故ニ吾人ハ根本的ニ無限平等ノ観念ニ安住セサルヘカラズ　無限平等的ノ観念ヨリシテ此世界

ヲ観察セサルヘカラズ（中略）而シテ上者ノ上者タル資格ヲ破リ下者ノ下者タル資格ヲ壊ルハ是レ社会ノ公徳ヲ毀損スルモノニシテ所謂没倫ノ罪悪タルモノナリ　社会ハ常ニ此罪悪ニ対シテ奮闘セサル可カラス　是レ教家ノ常ニ Selfish Egoism ヲ打撃シテ止マサル所以ナリ

（『有限無限録』［五八］福利ノ増進、『清沢全』第二巻、一二七頁）

産業主義の発展のもとで、日本全体は、利益を追求する社会に進み、そのなかで国民の生存権が次第に奪われていった。そのことを象徴的に示すのは、明治二〇年代以降大きく社会問題化した渡良瀬川流域に起きた田中正造ひきいる足尾銅山鉱毒事件である。一八九七（明治三〇）年、足尾銅山被害地の民衆二千余人は、徒歩で東京に出発したが、途中で警官に阻止された。また日比谷に八百人結集し、鉱業停止を請願したが、時の藩閥政府は、この問題の解決のための努力を怠ったばかりか、加害者である鉱山者に加担した[6]。

当時は、産業主義のもと困窮する人々が少なくなかった。そのことは、一八九三（明治二六）年に発刊された松原岩五郎著『最暗黒の東京』、あるいは一八九九（明治三二）年に発刊された横山源之助著『日本之下層社会』に鋭く描かれている。

清沢は、大きな変貌を遂げた東京の街の姿に、社会の公徳が見失われ、Selfish Egoism が跋扈している現実を見た。そこに大きな衝撃を受けたものと思われる。

そこに「公に生きる」ことの意義が確かめられる。

今公ト云フハ彼我ヲ合セテ之ヲ云フナリ　彼ヲ捨ルハ固ヨリ偏私ノ大悪ナリ　然レトモ我ヲ棄

ルモ亦決シテ正当ニアラズ　（『有限無限録』〔五九〕公ノ為ニセヨ、『清沢全』第二巻、一二八頁）

「公に生きる」ことは、相手を無視することではない。「彼」とは、第三者ということであろうか。しかし同時に、自己を捨てることでもない。すなわち自己を犠牲にすることでもないという。清沢は、それぞれの領域で、人は《公》に生きるものであるという。そこに《公共》の範囲があるという。この公共の範囲は、公共圏すなわち公共の圏域であるといってもよいかもしれない。

その公共の範囲は、大きく人類、さらに国家というように、いろいろなレベルがあるという。

人類全体ニ通スルハ一種公共ナリ　一国家ニ通スル公共ハ又一種ナリ（中略）其他公共ニ多種アリ多類アリ　故ニ公共ノ範囲ハ大小頗ル不同ナリ　然レトモ皆其範囲ニ通スルカ故ニ公共タルヲ失ハス　（『有限無限録』〔六三〕公共ノ範囲ニ大小アリ、『清沢全』第二巻、一二九頁）

清沢は、それぞれのレベルに応じて、公に生きる道を公共主義といっている。清沢によれば公共主義には、秩序があるといい、「秩序的公共主義」という言葉を用いている。

秩序的公共主義ハ国家主義ト個人主義ヲ調和スルモノナリ　其公ノ為ニスルハ国家ノ為ニスルナリ　（『有限無限録』〔六五〕国家主義ト個人主義ノ調和、『清沢全』第二巻、一三〇頁）

秩序的公共主義は、国家を中心とする立場と個人を中心とする立場を調和するものだという。ここで清沢がいいたいのは、おそらく秩序的公共主義とは、個人のために国家が無視されるものでも、個人のために国家のために個人が無視されるものでもない、ということであろう。(7)

3．公共心

このような社会道徳が守られていくためには、それぞれの公共心が養われなければならないが、その公共心を育むためには、宗教心、すなわち絶対無限への関心を育てなければならないという。

公共心ハ修養ヲ要ス　其修養ノ最上方法ハ絶対無限者ノ性能ヲ観スルニアリ
（『有限無限録』［六七］公共心ヲ修養センニハ無限ヲ観スルヲ要ス、『清沢全』第二巻、一三〇頁）

ここに修養の大切さが指摘される。

主我心ハ私心ナリ　公共心ハ私心ト背反スルモノナリ　己ヲ忘レタル心ハ無我心タルコト勿論ナリ
（『有限無限録』［六八］公共心ハ無我心タルヲ観スベシ、『清沢全』第二巻、一三一頁）

公共心は、「主我心」すなわち自己中心的な心、「私心」を超えた「無我心」であるという。また清沢は、社会のあり方について、つぎのようにいっている。

是レ一方ニハ学理ノ進歩ニヨリテ吾人ガ自然界ヲ支配シ進ムト（水力気力等ヲ利用スルト云フハ此一部分ナリ）一方ニハ道徳的交際ニヨリテ博愛相済ノ道ニ進ムト
（『有限無限録』［八九］精神界ト物質界、『清沢全』第二巻、一四五頁）

科学の発達によって、自然を支配し、これを利用する道が開けてくるが、同時に社会道徳が発達することによって、人間相互の尊敬と相互の助け合いが進むという。ここに科学と道徳の同時的な発達の必要性が説かれている。

以上、『有限無限録』によって、清沢の公共性についての考えを辿ってみた。清沢は、これを道学者のような口吻で語ったのではない。日記のなかの言葉であるということは、公共性についての自己の研究であり、同時に自己の修養であったことを物語っている。

三、公共性の回復――「精神主義」へ

日記は、一八九九（明治三二）年秋に『有限無限録』から『転迷開悟録』へと移る。公共性への関心は、この日記にも続いている。この最初の論が「転迷開悟」であるが、近代のさまざまな価値観（自由や平等など）は、絶対有限な人間においては成立せず、絶対無限の仏の領域において成立するものであるとする。そのような観点から、公共的な活動も吟味される。

彼ノ慈善ト云ヒ公共事業ト云ヒ公衆道徳ト云フモノ、如キ其堅牢ナルモノハ皆悉ク宗教的根基ノ上ニ立タズバ決シテ成立スル能ハサルナリ

（『転迷開悟録』［一］転迷開悟、『清沢全』第二巻、一五五頁）

ところが、近代の人々は、仏教に教えられるような無我の観点に立たずに有我の観点に立って物をみている。清沢は、これを迷倒としている。そのような有我の観点を破って無我の観点に立つことを清沢は、「主義」として、私たちが保持しなければならないものであるとしている。

吾人ノ人世ニ処スルヤ一定ノ主義ナカルヘカラズ（中略）吾人ハ主我的利害（Self-interest）ヲ以

テ趣帰トスベキヤ　或ハ公共的利害（Communal interest）ヲ以テ趣帰トスベキヤ（中略）生存競争優勝劣敗ハ主我主義ノ結果ナリ　今ノ世ノ論者教者往々此主義ヲ趣帰トス　浩歎ニ堪ヘサルナリ　仏教ノ根基ハ最大ノ公共主義ヲ趣帰トシ又其理論的説明ヲ確立スルニアリ　是レ無我論ノ説アル所以ナリ（『転迷開悟録』［三］無我主義ハ公共主義ナリ、『清沢全』第二巻、一五八〜一五九頁）

この無我主義において、公共主義が出てくるという。この「主義」という言葉を清沢が仏教に導入したのは、おそらく仏教の西洋語である Buddhism の -ism に示唆されて、その翻訳語である「主義」という言葉を用いて、仏教を一つの生活規範（＝趣帰）と捉えたからであろう。

清沢によれば、仏教は、生存競争・優勝劣敗を旨とする主我主義に対して、公共主義であるとされるが、その公共主義にもいろいろな段階があるという。彼は、儒教の公共主義は、「天下国家ノ利害ヲ趣帰トスル」ものであり、スパルタ教育は、「市府国家ノ利害ヲ趣帰トスル」が、そこにおいては、"Weakly children were exposed to perish" であると付記される。[8] すなわち前者は「天下国家」の公共主義であり、後者は「市府国家」の公共主義であると考える。このように清沢は、「蓋シ公共主義ニハ無量ノ階級アリ」とし、その「階級」のうちとくに主なものとして、国家、社会、宇宙の三つをあげて、公共主義の三つの主な形態を、国家主義、社会主義、宇宙主義としている。[9]

これらのうちどれをとるか、清沢は明言していないが、いずれも無我主義に立たないかぎり、公共主義は真に実現することにはならないというのが、かれの主張点であるように思われる。近代人は、主我主義に立って、生存競争・優勝劣敗を旗印としているが、仏教徒たるものは、無我主義に立って公共的利害を趣帰としなければならないという。ここに公共主義の立場が確認される。公共主義の立場は、人間が相依相待であるという観点に立っている。それゆえ、清沢は、無我主義を敷衍するなかで、

我等人類ハ相依相待ノモノナリ決シテ独立独行ヲ為スコト能ハサルモノナリ（中略）吾人ハ第一ニ吾人ノ相依相待ノモノナルコトヲ感銘スベキナリ
（『転迷開悟録』〔一二〕相依相待、『清沢全』第二巻、一八二〜一八三頁）

と確認している。それでは、相依相待の存在観に立つ仏教徒は、他者に対してどのように身を処すべきなのであろうか。清沢が何よりも重視するのは「同情」である。『転迷開悟録』の思索を展開していった清沢は、本論考の末尾で、

自利ト云ヒ利他ト云ヒ愛ヒト云ヒ愛他ト云フ（中略）此原理ヨリシテ之ヲ観レハ吾人ハ同情ノ一語最モ能ク吾人自己ト外物他人トノ相互関係ニ必要ナル心状ヲ記スルニ適セルヲ思フ
（『転迷開悟録』〔三五〕同情、『清沢全』第二巻、二〇一頁）

と述べ、さらに「同情ハ人世ノ第一義ナリ」（『転迷開悟録』〔三六〕同情ト経験、『清沢全』第二巻、二〇一頁）と確認したうえで、

真ノ深厚ナル同情ハ蓋シ自己ノ経験ニ基ケル同感ノ情タラン　而シテ此ノ如キ経験ノ結果ヲ表白セル古人ノ教訓ハ吾人カ同情ノ道義ヲ践行スルニ当リテ最モ重要ナル指鍼タルナリ

（『転迷開悟録』〔三六〕同情ト経験、『清沢全』第二巻、二〇一頁）

と記している。自己の経験に基づく「同感ノ情」、そして古人の説く「同情ノ道義」を大切にしなければならないといわれる。

『転迷開悟録』において、このように清沢は、仏教を、公共主義―無我主義―同情の道義として論究したのであるが、その内的な思索はやがて外に向かって発露されるべきものであった。清沢は、主我主義が渦巻いている社会に、仏教の公共主義の立場を説く必要を感じた。いわば教化への願いが兆していた。一九〇〇（明治三三）年五月から、近角常観の主宰する『政教時報』に「心霊の諸徳」を連載し、真宗中学の生徒に訴えたが、その稿のなかには、公共性の必要を説いたものがある。

吾人の生存は決して独立的の者でない、根本的に公共的の者であると云ふことを知るべきである、吾人の生存が根本的に公共的である以上は、吾人は社会公共の利害を以て自家の利害として社会公共の責任を以て自家の責任とすべきである、然れば社会に罪悪があり不徳がある場合には如何に之を処すべきや、彼の罪悪を犯し不徳を行ふ者が到底自ら其責に任ずる能はざることは、恰も小児が法律上の責任を負ふ能はざるが如くである、是に於てか親心あるもの、即ち社会的公共的精神ある者は、彼の罪悪不徳に対して其責に任ぜずには居られないことである、仏陀の精神は此処にあるのである、

（「心霊の諸徳」〔八〕忍辱の心、『清沢全』第七巻、二九八～二九九頁）

このような清沢の仏教精神回復への願いは、さらに具体的な形をとって世に明らかにされなければ

ばならなかった。一九〇一（明治三四）年一月、清沢は、同志とともに浩々洞から『精神界』を発行し、世に「精神主義」を唱道する。この精神主義において、公共主義がその主張点のひとつであったことは、申すまでもない。

おわりに――自律と協同

以上、私は、清沢の社会的な立場を示すものとして、その公共思想をうかがってみた。その公共思想が、文書のなかで明瞭に現れるようになったのは、『有限無限録』からである。その意味において、この手記は、彼自身のひとつの転回点を示しているものと思われる。すでに先学は、『臘扇記』が自己自身の安心の確立を眼目とされていたのに対して、『有限無限録』は社会道徳の復興に主眼がそゝがれている。この点に上京当初の先生の関心がおありだつた。（西村見暁『清沢満之先生』法蔵館、一九五一年、二五四頁）

『有限無限録』はその上京の当日より筆を起されしもので、至つて簡単な手記ではあるが、その内容の上よりして先生の思想生活を知るには最も重要なる資料の一つであると思われる。（松原祐善「道義の探求」、『真人』第一〇七号、一九五七年、六頁）

と指摘されている。しばしば清沢の思想は、内面的なものにとどまり、他者との交流の契機が見失われていると指摘されている。[10]『臘扇記』を読むと、いかにも自己の内部に沈潜し、外物他人と自己との分限分際を明確化し、そこに外部との係わりを捨てていこうというような姿勢すら窺われる。ただ、外物他人と自己との分限分際を明確化しようとした『臘扇記』の後で、清沢が『有限無限録』へとさらに思索を展開したそのプロセスは無視できないであろう。

この『有限無限録』には、《公》《公共》《公共心》について関説されているが、そこに、自律性と協同性という人間の生き方の基本が示されているということができる。自律性という側面についていえば、清沢は、つねに修養を自らに課し、生活のなかにこれを実践した。『臘扇記』から『有限無限録』へと展開する清沢の軌跡は、ある意味で内面的自己への沈潜から外部社会への眼差しの転換を物語っているが、しかし修養を通して自律性を確保するという姿勢は変わることがなかった。『有限無限録』では、まず公に生きるということが課題とされている。しかしその公とは、権威としての公（天皇、政府、法主など）を意味するものではない。したがって、清沢は、明治期、政府に強調された自己犠牲としての滅私奉公の態度は取らなかった。公に生きるとは、仏意に随順することにほかならなかった。

仏ノ就カシメ給フニハ之ニ就キ
仏ノ去ラシメ給フニハ之ヲ去リ
仏ノ取ラシメ給フハ之ヲ取リ
仏ノ捨テシメ給フハ之ヲ捨テ
至誠心ヲ尽シテ仏ノ命示ヲ領スヘキナリ

（『有限無限録』〔五四〕宗教ノ実用、『清沢全』第二巻、一二五頁）

これはもともと善導が三遣三随順として、其の仏弟子のあり方を語った言葉であるが、親鸞も同じ精神で『愚禿鈔』に引用している。この善導・親鸞の真仏弟子を表す言葉を、清沢は、「至誠心ヲ尽シテ仏ノ命示ヲ領スヘキナリ」と、自己に対する厳しい教誡として改めて聞きとどめている。(11)

清沢の公共思想は、その背景に、今村仁司氏のいわゆる「仏教的存在論」（主伴互具論、無我論）があり、そこから倫理（儒教思想的な仁義礼智信、また博愛相済、同情、同朋主義などの「互助」の精神も含む）が導きだされる。(12)

この場合注意されることは、公共は宗教に生きることにおいて初めて成立するのである、と満之に自覚されたことである。明治期、そのような自覚に到達した他の例としては、さきに触れた田中正造の場合を挙げることができるであろう。

現在、公共性ということが種々に論じられている。それは、西洋の文脈において論じられ、これを主題とした多くの書物も翻訳されている。それらの公共性の議論のなかで、東洋の思想的な遺産ということは、ほとんど看過されているように思う。その意味で、仏教を軸として、公共性の問題を考えた先駆者として、今回は清沢満之を取り上げてみた。その公共思想の意義については、別の論稿を待ちたい。

註

（1）「五箇条篇目の消息」は、「夫、宗教まち〳〵なりといへとも、何れも如説に修行せん人は、その益むなしからす、なかんつく真宗の一流は、教を真俗の間たに建て、（中略）天倫をまもり人道を履て、しかも来世の得脱を期する二諦相依の宗教なり」という内容である（『真宗史料集成』第六巻「各派門主消息」同朋舎、一九八三年、六四八頁）。
（2）拙稿「闘諍と和平――念仏者の祈り」日本仏教学会編『仏教における和平』平楽寺書店、一九九六年、一四三～一五八頁。
（3）田村芳朗「天皇制への明治仏教の対応」、戸頃重基編『天皇制と日本宗教』伝統と現代社、一九七三年、一七五頁。
（4）拙稿『清沢全』第二巻「解説」岩波書店、二〇〇二年。
（5）淡野安太郎『明治初期の思想』勁草書房、一九六七年、八〇～八一頁。
（6）田中正造は、「公共の精神と自律の精神とを欠如しているために地獄の淵にしずむ日本国民の救出を、「新鮮なる宗教」すなわちキリスト教に求め、「古き」大和魂を断固として否定」したといわれる（兼近輝雄『近代日本哲学思想家辞典』東京書籍、一九八二年、三四六頁）。
（7）清沢の公共主義に注目した先学の論稿に、船山信一氏の「明治仏教と社会主義思想」（『講座近代仏教』第二巻・歴史編、法藏館、一九六一年）があるが、同氏は、その稿のなかで、清沢が「一方資本主義的な自由競争に反対し、他方封建的専制主義にも反対している」（一二三頁）と指摘している。
（8）『転迷開悟録』〔三〕無我主義ハ公共主義ナリ、『清沢全』第二巻、一五八頁。
（9）『転迷開悟録』〔三〕無我主義ハ公共主義ナリ、『清沢全』第二巻、一五九頁。
（10）最近の論文で、末木文美士氏は、「満之に代表される内面主義は、決して現実からの逃避なのでもない」としつつも、「私が絶対無限者の無限の大悲に包み込まれることで、他なる人々も解消してしまう」と指摘する（「内への沈潜は他者へ向いうるか――明治後期仏教思想の提起する問題」、『思想』第九四三号、岩波書店、二〇〇二年、一七～一八頁）。しかし私たちは、清沢が宗教と倫理の緊張関係のなかに終生に亘って生き続けたということを見忘れてはならない。その社会倫理観を具体的に示すものが《公》《公共》《公共心》という概念であった。

(11) 寺川俊昭「清沢満之の人と信念」、『定本　清沢満之文集』法藏館、一九七九年、四六五～四六六頁。

(12) 今村仁司『清沢満之の思想』人文書院、二〇〇三年、八〇～一〇三頁。

清沢満之における念仏――自己回復への道

二〇〇五年に発行の『新潟親鸞学会紀要』第二集へ寄稿された論文。執筆されたのは、清沢の没後一〇一年目にあたる二〇〇四年。新潟親鸞学会は、著者の故郷を拠点とする学会であり、創設時には発起人に名を連ねている。

はじめに

清沢満之師は、一九〇三（明治三六）年六月六日に逝去された。今年（二〇〇四年）で没後一〇一年目になる。没後一〇〇年の昨年は、各地で追悼の催しやシンポジウムが開かれ、またいくつかの出版物が刊行され、『清沢満之全集』全九巻（岩波書店）も完結した。そして今年は、ご自坊の西方寺の一角に清澤満之記念館がオープンし、師の終焉の部屋も修復された。清沢満之の再評価の気運がでてきているといえる。

しかしその知名度はまだ低いというのが実情である。師は、仏教者であり、仏教運動家であり、哲学者であり、宗門人であり、教育者であった。その行跡は、すでに先学によって大部分が明らかにされているが、その成し遂げられた仕事の意義については、さらに究明が待たれる事柄も少なくない。とりわけ、遺された資料の精確な読み込みによって、師の思想と信仰をさらに解明することは、先学から引き継がれる大きな課題である。そのいくつかの課題のなかから、小論では、清沢における念仏の受容とその意義について、いささか愚考を巡らしてみたい。

一、清沢への疑問

師（一八六三～一九〇三）は、四一歳でその一期を終えた。当時としても短い生涯であった。江戸と明治の端境期である一八六〇年代、さまざまな思想家・文学者が輩出している。たとえば、三宅雪嶺（一八六〇～一九四五、享年八六歳）、内村鑑三（一八六一～一九三〇、享年七〇歳）、森鷗外（一八六二～一九二二、享年六一歳）、徳富蘇峰（一八六三～一九五七、享年九五歳）、夏目漱石（一八六七～一九一六、享年五〇歳）、北村透谷（一八六八～一八九四、享年二七歳）といった先人たちが思い浮かぶ。自死した透谷は例外として、いずれも清沢より長命である。師は、燃え尽きるようにしてその生涯を閉じられた。しかし短命だから思想あるいは信仰が未熟であったということはできない。私自身は、師は、その思想・信仰を充分に成熟させた人であったと思う。ただ短命ゆえに、自分の生き方や思想について周囲の充分な了解を得られないまま終わったということは、一面において、否定できないであろう。清沢師の行動や思想・信仰に疑問を抱く人は、今日に至るまで少なくない。

たとえば、多田鼎（一八七五〜一九三七）の場合がそうである。多田は、浩々洞の三羽烏のひとりといわれるほどに清沢に傾倒したが、清沢没後一〇年ほどしてから、その精神主義に大きな疑問を抱き、雑誌『精神界』に、「私は此の如く動転せり」（一九一四三年九月）、「願はくば我が昨非を語らしめよ」（同一一月）という論文を寄稿する。

清沢没後しばらく、浩々洞の在洞者の間では、幸福主義的な信仰観を掲げ、如来の恩寵を説く者が少なくなかった。多田もそのひとりで、「スピノザは神に酔へる者なり、然り、我等は如来に酔へるものなり[1]」と告白していたが、倫理感の強いかれは、やがて如来に酔うことができなくなり、恩寵的信仰が崩れる。そこから多田は、浩々洞を離れ、称名念仏の伝統的信仰に帰ることになる。その転換の背景には、郷里三河の門徒の念仏の声に触れることを通して、自分には称名が欠けていたという強い反省があった。同時に、称名は、先師の信仰にも欠けていたのではなかったかと、回顧的に実感されたのである。

清沢は、口称念仏については必ずしも重視していなかったようである。浩々洞の暁烏に宛てた最後の手紙に次の一節がある。

先日ハ、漢和灯録《ママ》ヲ御読ミニテ一層口称へ御傾キノ様子結構デショーケレトモ成ル可ク御制止ノ方然ルベク思ヒマス　其時一時ハ心ヨキ気持ニナリマスガ亦復イヤニナルコトガナイトハ申

サレヌ様ニ案ジマス（此ハ実験ノ説デアリマス）

（一九〇三年六月一日暁烏敏宛書簡、『清沢全』第九巻、三〇四～三〇五頁）

暁烏は、法然上人の語録である『漢語燈録』に、念仏日課七万遍の記述があるのに刺戟されて、日課念仏を実践していたようであるが、これを仄聞して、清沢は、口称念仏への傾斜に危惧を表している。

このような言行をひとつの例として、師は念仏を軽視したと受け止められることがある。多田の清沢批判の背景にも、そのような受け止めがあったのであろう。

しかし事実はどうであろうか。若き日の住田智見の回想を例に考えてみよう。一九〇二（明治三五）年一二月一二日、清沢の自坊を訪れた住田は、さまざまな質問をした。これに対し清沢は、「君も随分理屈を言うなあ」といい、驚いたところ、

二百万の御門徒がありて日本半国を飾つておるとも言われる浄土真宗の御開山の親鸞聖人の御安心は「親鸞ニオキテハタダ念仏シテ弥陀ニタスケラレマイラスベシトヨキヒトノ仰セヲカフムリテ信ズル外ニ別ノ子細ナキナリ。念仏ハマコトニ浄土ニムマル、タネニテヤハンベルラン、マタ地獄ニオツベキ業ニテヤハンベルラン、総ジテモテ存知セザルナリ。タトヒ法然上人ニスカサレマイラセテ、念仏シテ地獄ニオチタリトモサラニ後悔スベカラズサフラフ」と。御開山様でさへ此の御決心である。君は唯お念仏が申されぬか。念仏して地獄に落ちたりと云ふとも更に後悔なしと仰せらる丶ではないか。君は左様に思はれぬか

（諏訪義譲「清沢・住田両先生の出遇い――その追憶と宗学」、『同朋仏教』第九・一〇合併号、一九七六年、二七二頁）

此の厳しい御誨を受けて私は夢の覚めた様に気付かせていただきました。此の御教で初めて理屈を離れて、先づ第一に本願の尊きことを知らせて貰いまして、御念仏を申すことの出来る様な今の身の上になりました。（同右）

と振り返っている。

当時の師は、念仏を大切なこととされていたようである。そのことは、一九〇三年の『当用日記』の扉に日課予定が記され、起床後の六時から七時の間を「正信念仏」に当てていることから窺うことができる。念仏申すことが、一日の始まりであるというのである。

二、念仏為本の伝統

暁烏に対しては、口称念仏は制止したほうがよいと勧め、また住田に対しては、『歎異抄』第二章を引用して、「ただ念仏」申せと戒める。これは、一見矛盾した論を説いているように思われるが、私は、これは師においては全く自然な言説であったように思われる。すなわち念仏為本の伝統を承けているということである。

「念仏為本」の語を初めて用いたのは日本浄土教の始祖である源信僧都であるが、この立場は、法然上人、親鸞聖人に一貫して継承されている。ただその念仏の受け止めにひとつの展開が窺われる。

「念仏為本」（『往生要集』第五、『真宗聖教全書』一、八四七頁）を明説した源信は、「ただ名号を念ずるをもって往生の業となせり。いかにいわんや、相好功徳を観念せんをや」（『往生要集』第八、『真宗聖教全書』一、八八三頁）と述べ、観勝称劣の立場から、念仏のなかでも観相念仏を重視した。これは、『観経』を大切にした源信浄土教においては当然の論であった。

法然は、「往生之業念仏為本」（『選択集』総標、『真宗聖教全書』一、九二九頁）と掲げ、源信の教えを受け継いでいる。ただ善導大師の「念声是一」の論を承けて称名念仏を標榜し、「もろこし、我がちょうに、もろもろの智者達のさたし申さるる観念の念にも非ず」（『一枚起請文』、『真宗聖典』九六二頁）と述べ、口称の念仏を勧めている。浄土三部経を末法に生きる凡夫の所依の教とし、『観経』のみならず、『大経』『阿弥陀経』の念仏の伝統を承けて、法然は、このように説かれるのである。

親鸞は、『選択集』の「往生之業念仏為本」（『教行信証』行巻）の語を引用し、源信・法然の伝統にまっすぐ連なることを表明している。ただその念仏は、口称でありつつも、念仏を正信する立場である。親鸞の著した「正信念仏偈」の表題からも窺われるように、念仏を信心で受け止めるのである。念仏を口称することはもとより大切であるが、その口称の念仏をさらに聞き、信ずるのである。「真宗念仏ききえつつ／一念無疑なるをこそ／希有最勝人とほめ／正念をうとはさだめたれ」

（『高僧和讃』善導讃、『真宗聖典』四九六頁）とあるように、念仏の行は、衆生のおこなう行ではなく、諸仏の称名であり、衆生にとっては聞かれるのである。すなわち、称えながら聞く念仏である。これは、『大経』の聞名重視の教えを承けた念仏観である。

以上、日本浄土教における源信・法然・親鸞に一貫して流れる念仏為本の伝統を振り返りつつ、そこに観相念仏→口称念仏→正信念仏というように、念仏の受け止めにひとつの展開が見られることを窺った。この展開が生じた背景には、三師における三部経観、また念仏の具体的実践のなかから導かれた帰結がそれぞれにあったということができる。

清沢の場合に話を戻す。

師は、晩年、悲惨極まりない人生の苦難に出遇われた。一九〇二年一〇月、真宗大学生の関根主幹排斥運動の責を負って学監を辞する。この間、六月に長男信一、一〇月に妻やすが没し、一一月、師は東京の生活を放棄して、大浜西方寺に帰る。翌一九〇三年二月、耆宿会議出席のため上洛、帰途大谷本廟に参詣して「本山に対する仕事は終わった」との言葉を残すが、四月には三男広済が没している。この二年の間に家族を三人失い、自分も肺結核で喀血を繰り返している。精神的にも肉体的にも大変に苦しい毎日であった。中村不折が描いた肖像画（大谷大学所蔵）の、あの荘厳ななかにも沈鬱な表情は、人生の苦悩を全身に受け止めて生きる晩年の先師の姿を見事に描写している。

そういうなかで、先述したように、毎朝の第一の日課として、「正信念仏」を実行されている。

念仏申すことが一切の始まりだというのである。その念仏は正信念仏であり、観相念仏とも口称念仏とも性格が違っている。念仏は、人に聞かせるものではなく、自分が如来と対面するという出来事である。それは、如来の声を聞き、如来の声に救われるということである。この念仏なしには、師は、生きてゆくことも死んでゆくこともできなかった。念仏を正信するしかないという人生を歩まれたのである。

三、「他力の救済」

このような清沢師の信仰の世界を窺うのに、「我信念」（我は此の如く如来を信ず）を思い起こす人が多いであろう。信念という語は、真宗では一般に用いられない。信念には、他力に賜る信仰心というよりも、自己確信、信条といった自力的なニュアンスが伴っているからであろう。しかし清沢においては、信念とは、正信念仏の略語と捉えられるべきであると思う。

この師の最晩年の信念の吐露として、最も多くの人々に親しまれ、また暗誦されてきた小品は、「他力の救済」という一文である。

「他力の救済」

我《ワレ》他力の救済を念するときは、我《ワレ》が世に処するの道開け、
我他力の救済を忘るゝときは、我が世に処するの道閉つ、

我他力の救済を念するときは、我《ワレ》物欲の為に迷さるゝこと少く、
我他力の救済を忘るゝときは、我物欲の為に迷さるゝこと多し、
我他力の救済を念するときは、我《ワレ》が処する所に光明照し、
我他力の救済を忘るゝときは、我が処する所に黒闇覆ふ、
嗚呼他力救済の念は、能く我をして迷倒苦悶の娑婆を脱して、悟達安楽の浄土に入らしむるが如し、我は実に此念により現に救済されつゝあるを感ず、もし世に他力救済の教なかせば、我は終に迷乱と悶絶とを免かれさるべし、然るに今や濁浪滔々の闇黒世裡に在りて、夙に清風掃々の光明界中に遊ぶを得るもの、其大恩高徳、豈区々たる感謝嘆美の及ぶ所ならんや、
（「他力の救済」、『清沢全』第六巻、三二九頁。『清沢集』一二～一三頁）

なお、本文のあとに、「日本他力教の宗祖親鸞聖人の御誕生会を聞き、一言以て祝辞に代ふ、明治卅六年四月一日三河大浜西方寺に於て　清沢満之謹白」と記されている。真宗大学の親鸞誕生会では、この詩を卒業生の暁烏敏が読み上げたと伝えられる。

この「他力の救済」は、絶筆「我信念」と並ぶ、「白鳥の歌」（スワン・ソング）ともいうべき頌歌である。この詩を、寺川俊昭氏は、「我信念」の双璧として、清沢の絶唱と呼んでいる。大変に美しい、整った短詩である。

師の信仰告白ともいうべきこの「他力の救済」は、前半の詩の部分（偈頌）と後半の散文の部分（長行）とに分かたれる。前半では、「我他力の救済を念するとき」「我他力の救済を忘るゝとき」と

いうように、清沢の信仰の実感がリフレインされている。そして後半では、その信仰の風光を「嗚呼他力救済の念は、能く我をして迷倒苦悶の娑婆を脱して、悟達安楽の浄土に入らしむるが如し」というように体験として率直に語られる。

偈頌と長行に一貫して説かれるのは、帰命の一念における「我」の転換である。「我」は、まさに人生の苦難を背負って喘いでいる我、煩悩に苦しんでいる我である。その我が他力の救済を念ずるとき、その我のままに、生きてゆく勇気をいただいていく。分析すれば、煩悩的我（自我）が帰命の一念に、主体的我（自己）へと転換するのである。

すでに先覚は、「帰命の一念を発得せば、そのときをもって娑婆のおわり、臨終とおもうべし」（覚如『執持鈔』、『真宗聖典』六四七頁）と説示しているが、清沢は、このうえない人生の苦難を背景に、帰命の一念による自己転換の内景、すなわち心内に浄土が開けてくる風光を鮮やかに表白している。ここには、未来にではなく、現在に平安を得たという、親鸞の現生不退の伝統をまっすぐに受け継ぐ信仰の本質が自証的に表現されている。

ところで、かねてより児玉暁洋氏は、あの広く人口に膾炙されている清沢の告白、すなわち「自己トハ他ナシ　絶対無限ノ妙用ニ乗托シテ任運ニ法爾ニ此境遇ニ落在セルモノ即チ是ナリ」（『臘扇記』）という日記の一節を、清沢満之の六字釈と喝破された。(2) 氏の慧眼の鋭さに改めて瞠目せずにはおれないが、同じ意味で、絶唱「他力の救済」も清沢師の六字釈であるといえないだろうか。申すまでもなく、六字釈とは、善導大師の南無阿弥陀仏（六字）の解釈である。

南無というは、すなわちこれ帰命なり、またこれ発願回向の義なり。阿弥陀仏というは、すなわちこれその行なり。（『観経玄義分』、『真宗聖教全書』一、四五七頁）

これは、六字名号についての字義的な解釈ではなく、南無阿弥陀仏に自己の全存在が回復されるという善導の信仰告白を記した言葉である。「阿弥陀仏というは、すなわちこれその行なり」とある。これは、阿弥陀仏が人格ではなく、行、すなわち「はたらき」であるということである。そのはたらきとは、衆生を救済しようとするはたらきである。これを親鸞聖人は、

十方微塵世界の
　念仏の衆生をみそなわし
　摂取してすてざれば
　阿弥陀となづけたてまつる
（『浄土和讃』弥陀経意、『真宗聖典』四八六頁）

と讃詠している。摂取不捨のはたらきが、阿弥陀仏の御名に籠められているという。善導の名号六字釈は、念仏の衆生をみそなわす本願の、その大いなる救済力を開顕したもので、大きな歴史的意義と影響をもった釈義である。

清沢師は、この阿弥陀如来の衆生を救おうとするはたらき、摂取不捨の本願力を、「他力の救済」という語で表現した。迷倒苦悶の裟婆にあって、妻子を失い、喀血に悩まされるという、身も世もない苦しみのなかに投げ出されながら、師は、他力の救済（＝阿弥陀仏の摂取不捨のはたらき）を憶念するとき、主体的自己を賜ることができ、またこれを失念するとき、煩悩的自我に悩まされると告

白する。この「他力の救済」という詩は、信念に賜る恩徳、すなわち正信念仏による自己回復の風光についての師の貴重な証言として聞くことができる。この詩を拝唱するとき、私たちは、何かしら大きな力を賜ることができる。

おわりに

清沢満之が逝去したのは、明治も後期に入った頃である。そのような歴史の文脈のなかで師の思想と信仰の意義について考えてみるとき、取り上げるべき主題として、さまざまな事柄が俎上《そじょう》にのぼってくる。

たとえば近代日本人における自己喪失という問題がある。

一九〇一（明治三四）年一二月、田中正造は、足尾銅山鉱毒事件で天皇に直訴している。鉱毒事件は、近代日本人を覆うエゴイズムの病理と絡んでいる。住民を顧みず、自然を顧みず、企業の私的利益を追求するのである。それは、近代日本人の自己喪失のひとつの貌《かたち》を示している。このエゴイズムの台頭するなかで、田中は、日本人に公共心が欠けていることを歎き、それを日本人に育むのは、宗教しかないとして、自らはキリスト教に帰依していく。それは、自己を見失った近代日本社会への警鐘であったといえるであろう。

一九〇三年五月、第一高等学校の学生で、哲学青年であった藤村操は、宇宙の真理は何かという疑問に逢着、憂悶し、日光華厳の滝に投身自殺する。かれは、滝壺の上にある大木を削って、自らの姓名を記し、「巌頭の感」を遺す。そのなかで「万有の真相はただ一言にして悉《つく》す、曰く、「不可解」。我この恨みを懐きて煩悶、ついに死を決す」といっている。藤村の事件は、近代日本人における自我の目覚めを象徴すると同時に、いかに生きるべきかを見失った青年の、その自己喪失のひとつの貌を示している。

一九〇六（明治三九）年四月、夏目漱石は、雑誌『ホトトギス』に「坊っちゃん」を発表する。作品それ自体は、田舎の中学に赴任した江戸っ子教師の若い正義感を、明るいユーモラスな気分で描写したものである。この作品に登場する人物のなかで、「ハイカラ野郎の、ペテン師の、イカサマ師の、猫被りの（以下略）」と揶揄されるのは、教頭の赤シャツである。西洋風のいでたちで、横文字を口にするその姿は、西洋コンプレックスの呪縛から解放されない日本の知識人の相であるともいえる。ここにも近代日本人の自己喪失のひとつの貌が示されているようである。

以上、雑駁な例証で気恥ずかしいが、このような自己喪失の相貌をさまざまな事象によって示した明治期から一〇〇年を経た現在、はたして日本人は変わったのだろうか。現代は、さらに深刻な「自己の空洞化」の時代、「空虚な自己」の蔓延する時代である。(3) この時代の病理は、日々の報道で明らかであり、評論家や社会心理学者の詳論を俟つまでもない。

そういう意味で、自己回復への道を、仏教、就中、念仏の正信に求めた清沢満之師は、私たちにとって、つねに「信仰の鏡」であり続けるであろう。

註

（1）安藤州一「浩々洞の懐旧」、『資料　清沢満之〈資料篇〉』同朋舎、一九九一年、一八四頁。
（2）児玉暁洋「念仏者　清沢満之」、『清沢満之に学ぶ――現代を真宗に生きる』樹心社、二〇〇二年、五〇頁。
（3）影山任佐『「空虚な自己」の時代』日本放送出版協会、一九九九年。

宗教的「個」の課題――「精神主義」における自己と他者

日本哲学史フォーラムより二〇〇七年に発行の『日本の哲学』第八号「特集：明治の哲学」に寄稿された論文。同フォーラムは、日本哲学史研究の発展とそのネットワーク化のために、京都大学文学研究科日本哲学史研究室を中心に結成された「議論の場」である。

一、「我」の時代

昨年（二〇〇六年）は、鈴木大拙の没後四〇年という年にあたり、鎌倉国宝館、金沢市立ふるさと偉人館、大谷大学博物館の各会場で記念展が催された。大谷大学では、記念の展示に加えて、一〇月一三日に上田閑照氏が、「間の妙――鈴木大拙と曽我量深」と題して意義深い講演をされた。この鈴木と曽我は、法友ともいうべき間柄であったが、両者がともに敬慕した仏教者に、明治三〇年代に「精神主義」を主唱して世に知られた清沢満之がいる。鈴木は、清沢と面識はなかったようであり、それゆえ清沢に師事した曽我とは違い、その関係も間接的であるが、清沢の生誕一〇〇年の記念講演で、「清沢満之は生きている」というタイトルのもと、その現在的意義に触れている。

その講演のなかで、鈴木は、

清沢さんの書かれたものを見ても、「我が絶対他力をたのむんだ」、「私が、かうなるのは弥陀の力によるんだ」と、かういふ具合に、「我」といふものを、どうしてもつけにやならんですね。その「我」が、自力の「我」ぢやなくて、他力を入れる「我」ですね。それがなけりやならぬ。それが「我一人がためなりけり」で、そこに一人といふことを見る。何も、自分一人のためになればいいといふ意味ぢやない。それでお釈迦様が「天上天下唯我独尊」と云はれたといふ。それは、お釈迦様が云はれたでも云はれんでも、どつちでもいいんだが、さういふことを誰かがお釈迦様の所へ持つて行つて、お釈迦様に云はせるやうにしたといふことは、我々の持つてをる宗教的体験の深いところから出てをるですね。その「我」を見ることが大事だらうと思ふです。

（『鈴木大拙全集』第二七巻、岩波書店、一九七〇年、二二四～二二五頁）

と述べている。この指摘は、清沢の絶筆「我信念」のなかで「我」（私）の語が頻出していることからも首肯できる。「我信念」には、私一人の上に事柄を受け止めて、自己の全責任においてものをいうという姿勢、すなわち「我を通してものをいう」立場が示されている。(1) 鈴木自身も「我観浄土と名号」という論稿、あるいは「わが浄土観」「わが真宗観」などの講演からも推察されるように、「我」を冠して自らの立場を表明する場合が往々みられる。むしろそれが鈴木の一貫した姿勢であるといってよい。両者には、滅私を美徳とし、自己主張を「我がまま」とし、これをよしとしなかった封建的倫理観から一転して「我」の立場において物をいうという明治人の気概が共通して窺われる。

と同時に注意されるのは、明治人にも別な意味で「我」の主張が出てきたことである。

前申す通り今の世は個性中心の世である。一家を主人が代表し、一郡を代官が代表し、一国を領主が代表した時分には、代表者以外の人間には人格は丸でなかつた。あつても認められなかつた。其れががらりと変ると、あらゆる生存者が悉く個性を主張し出して、だれを見ても君は君、僕は僕だよと云はぬ許りの風をする様になる。ふたりの人が途中で逢へばうぬが人間なら、おれも人間だぞと心の中で喧嘩を買ひながら行き違ふ。それ丈個人が強くなつた。個人が平等に強くなつたから、個人が平等に弱くなつた訳になる。

（夏目漱石『吾輩は猫である』、『定本　漱石全集』第一巻、岩波書店、二〇一六年、五四五～五四六頁）

漱石は、明治の後期に顕著に現れてくる主我主義的な状況、換言すれば独我論的な状況を、ひとつの風景として、このように描いている。宗教においては、普遍原理に支えられて「我」が出てくるが、「今の世」に出現した「個人」は、これと対蹠的な自是他非の執心に支えられた「我」であり、たとえば曇鸞大師が『浄土論註』（『真宗聖教全書』一、二八二頁）でいう自大・邪見の「我」である。漱石は、このような「我」が闊歩する社会の現実を憂えた。

右の発言は、『吾輩は猫である』の一節であるが、全体を通読すると、漱石が清沢満之に関心を抱いていたらしいことが窺われる。本書のなかに四〇歳前後の哲学者「八木独仙」が登場するが、私は、そのモデルは、「臘扇」の雅号をもち、四一歳で逝去した清沢であるとかねてから推察している。(2) 漱石の蔵書目録を見ると、安藤州一著『清沢先生信仰坐談』が入っている。(3) 漱石は、清沢の主唱した「精神主義」に共感したらしい形跡がある。

最近、藤井淳氏は、『こゝろ』の「K」のモデルは、清沢だと論証して注目された。真宗僧侶の次男で、養子に行き、医学を学ぶはずであった「K」は、哲学を学んでいることが養家に知れて仕送りを断たれ、親友「先生」の住む下宿に同宿、その下宿のお嬢さんに恋心を抱くが、先生との恋の競争に敗れて自殺する。藤井氏は、その「K」が清沢に近似していると気づき、物証を求めて東北大学附属図書館蔵のマイクロフィルムを閲覧、『清沢先生信仰坐談』のなかで漱石が墨で傍線を引いた部分に注目し、漱石の「精神主義」への関心の所在を確かめている。(4)

藤井氏は、新しく発刊された『清沢満之全集』（全九巻、岩波書店）に寄せて、つぎのように記している。

清沢の評価は、この全集の発刊をきっかけとしてさらに高まると思われる。しかし、近代化の《影》の面を担った清沢満之の問題点は見逃されるべきではない。漱石は『こゝろ』の中で、清沢満之を近代日本の矛盾を背負った挫折者としてとらえ、またその挫折を最も痛切に自分の問題として受け止め、乗り越えたからこそ、現代の評価を勝ち得たのではないだろうか。我々も清沢満之の肯定的な点だけでなく、その問題点を含めて見つめることで、清沢満之が現代に投げかける課題を考える道もより豊かに開かれてくるだろう。

（藤井淳「満之と漱石」、『清沢全』第五巻、月報５）

この一節で、藤井氏は、「近代化の《影》の面を担った清沢満之の問題点は見逃されるべきではない」といい、「清沢満之の肯定的な点だけでなく、その問題点を含めて見つめることで、清沢満之が現代に投げかける課題を考える道もより豊かに開かれてくるだろう」と説いている。清沢ないし「精神主義」の「問題点」は、各方面より以前から指摘されている。(5) そのひとつとして、我と他者の問題は、私たちに残された「課題」である。「精神主義」によって形成される我は、一体どのような「個」として形成され、また他者にどのように向かいうるのであろうか。

二、「我」と「他者」

ここで、「精神主義」における我と他者の問題を指摘した近年の例として、政治学者の松本三之介氏と仏教学者の末木文美士氏の論評にふれてみたい。

すなわち彼の「精神主義」は、「自家の精神内に充足を求むる」ことをめざすものであり、個人の精神的な「満足と自由」とを目的とした点で、それはあくまでも「個」の思想であった。（中略）それは、当時ようやく自覚されはじめた自己と外的環境との乖離を、外なる環境に働きかけることによって解決するのでなく、逆に内なる自己の精神のあり方を問題にすることによって解消しようとする。そこでは、自己は他者との対立をそもそも予想しないという意味で、いわば負としての個の形成とでもいうべきものであった。

（松本三之介『明治思想史――近代国家の創設から個の覚醒まで』新曜社、一九九六年、一九七～一九八頁）

松本氏は、清沢の思想を「あくまでも「個」の思想であった」と論定した上で、この「個」は、外的環境との乖離の問題を解決するのではなく、解消しようとするのであり、自己と他者の対立を想定しない思想であるとし、「精神主義」に形成される個を「負としての個」と呼んでいる。松本氏の専門である政治思想史の立場から、というだけではなく、清沢自身の宗教的な自覚からみても、この「負としての個」という観点は、別な意味で的確だと思われる。それは、清沢の諸号（骸骨・石水・臘扇・浜風）がいずれも自己否定的な像を結んだ名であることからも端的に窺うことができよう。ただそれが、生への能動性を欠いた自閉的な「個」であるかどうかということについてはさらに吟味を要するであろう。

一方、末木文美士氏は、「内への沈潜は他者へ向いうるか」という問題を提起し、個の内面を遡行することで出会われる絶対無限者は、「無限大悲」として有限なる個を包みこむことで、他者として個に対峙し、葛藤を持つことがなかったという点を指摘できよう。絶対無限者が他者として対峙しないということは、さらには〈他なる人（々）〉もまた私を脅かす他者たりえないことである。私が絶対無限者の無限の大悲に包み込まれることで、他なる人々も解消してしまう。

先にも述べたように、日清・日露戦争間は、近代的な個・自我の確立期とされる。にもかかわらず、個は個として自立して他者と対峙できないままに、なし崩しにより大きなものの中に解消されてしまう。それは、アジアの諸文化の自立性を認められず、侵略戦争に加担することになる結果にどこか通じていると考えなければならないであろう。

（末木文美士「内への沈潜は他者へ向いうるか――明治後期仏教思想の提起する問題」、『思想』第九四三号、岩波書店、二〇〇二年、一八頁）

と述べる。末木氏における「他者」は、絶対無限者という意義において捉えられる。その意味で、松本氏とは違ったニュアンスがあるが、明治後期仏教思想のひとつである「精神主義」は、人間にまつわる問題を解決するのではなく解消すると捉える点で、松本氏と、論旨が重なっている。これによれば個の内側に沈潜し、それが「無限大悲」に包み込まれた結果、「他なる人（々）」と「有限なる個」とが対峙する関係が見失われたという。ここには「精神主義」の問題以前に、仏教そのものがもつ問題性があるのかもしれないが、末木氏の論には、「精神主義」を含む明治後期仏教思想に大きく影響された近代の各仏教教団が、やがて日本が突入していった対外戦争に対して、国家と対決しないままに無批判に迎合していったことへの強い批判が込められている。流れを汲んで本源を尋ねるとき、個としての自立性を問う氏の論点は大変に重要である。ただ、「精神主義」といった場合、清沢自身のそれと清沢以後の門下の人々が表明するそれとの間に必ずしも同一視できないギャップも看取されるようである。その点の検証も必要かと思われる。

清沢の思想、「精神主義」を、明治後期に現れた「内面的個体性の原理」として見る立場は、すでに識者に指摘されている。(6) これについて、すでに見たように政治思想史の観点から「自己は他者との対立をそもそも予想しない」(松本三之介)、あるいは仏教思想史の観点から「他者として個に対峙し、葛藤を持つことがなかった」(末木文美士)と指摘される。これは、清沢満之の「精神主義」における「個」の立場について考えるひとつの問題提起と見ることができよう。私自身は、この二つの観点についてコメントする用意は不足しているが、「精神主義」において自己と他者がどのような関係において捉えられるのか、またそこにはどのような問題点が遺されているのかについて、やはり関心を抱かずにいられない。ただ今のところは、これに直接に言及するに先立って、清沢において個はどのようなものとして形成され、またその個がどのような性格をもつものであったのか、ひとまず振り返っておきたい。

三、宗教的「個」の形成と特質

1. 負としての我

「精神主義」は、松本氏が指摘されるように、「個」の思想である。ただそれは、どこまでも清沢自身の宗教的自覚に裏づけられたという意味で、宗教的「個」の思想であった。幕末の尾張藩の下級士族の家に育った清沢は独立の気概をもった人であったが、自身の罹病を通して自力の限界に直面し、他力の宗教（真宗）に目覚めた人であった。であればこそ、彼は自らを否定的に、すなわち松本氏のいわれるように「負」として捉える。そのことは、さきにも触れたが、清沢自身の雅号の推移にも見ることができよう。清沢は、一九〇三（明治三六）年六月一日、ちょうど亡くなる五日前に、その門人のひとりである暁烏敏に宛てた手紙のなかでつぎのようにいっている。

「浜風」ト云フ号ハ近頃ノ得物デアリマス　大浜ハ風ノ多キ処ト云フ話カラ取リマシタガ丁度小生ノ如キ半死半生ノ幽霊ニハ適当ト感シテ居リマス　此一号ガ又小生ノ今日迄ノ諸号ヲ総合シテ居マスノモ自分ニハ面白ク存シマス　諸号トハ（在名古屋時）建峰（在京都時）骸骨（在舞子時）石水（在東京時）臘扇ノ四ツデアリマス　此デヒユードロト致シマス

（『清沢全』第九巻、三〇五頁）

西村見暁氏は、この清沢の諸号によって、彼の生涯を、（1）建峰（誕生［文久三］～二五歳）、（2）骸骨（二五歳［明治二一］～三一歳）、（3）石水（三一歳［明治二七］～三五歳）、（4）臘扇上（三五歳［明治三一］～三七歳）、（5）臘扇下（三八歳［明治三四］～三九歳）、（6）浜風（三九歳［明治三五］～往生）、の六期に区分している。[7]以来、清沢の生涯をどのように見るかについては、雅号の推移によって概観するのが一般的である。自ら住んだ場所で、清沢のさまざまな想いが込められているからである。[8]これらの諸号は、卑謙の辞ではなく、「負としての我」の自覚、真宗のいわゆる「機の深信」の自覚を名のる語である。

その清沢の負の意識を深化していったものは、結核の発病と宗門改革運動の挫折であった。清沢は、一八九〇（明治二三）年頃から禁欲生活に入り、四年にわたって、魚肉を断ち、松やにをなめ、蕎麦粉を食べるというミニマム・ポッシブルの生活を続けたが、その結果、慢性的栄養失調を招いた。折しも法主厳如上人（光勝）の葬儀に参列し、長いあいだ寒中に立ち続け、当時流行の感冒に罹り、それがすすんで一八九四（明治二七）年四月二〇日には肺結核の診断を受けた。一方、清沢が神戸の垂水で結核療養の日々を過ごしているとき、京都では清沢の期待していた沢柳政太郎を教学顧問とした新学事体制が崩壊する。その状況を黙視することができなかった清沢は、同志とともに、教団の封建的な機構を改革し、親鸞の教え、その宗教的精神を回復し、仏法が具体的に働く場を願った運動を起こすことになった。世にいう白川党宗門改革運動である。この運動は、全国の門末に多くの賛同者を得たが、複雑な宗門事情のなかで、必ずしも十分な成果をあげないままに、二年足らずでその幕を閉じた。

改革運動で疲れ果てた清沢を待ち受けていたものは、喀血・教団除名・周囲の白眼視という事態であった。そういう情況において清沢は、自ら「余の三部経」と呼ぶ『歎異抄』『阿含経』『エピクテタス語録』に導かれて、真宗の他力の信仰を深めていく。その経緯について、清沢は、

回想す。明治廿七八年の養痾に、人生に関する思想を一変し略ぼ自力の迷情を翻転し得たりと雖ども、人事の興廃は、尚ほ心頭を動かして止まず。乃ち廿八九年に於ける我宗門時事は終に廿九卅年に及べる教界運動を惹起せしめたり。

而して卅年末より、卅一年始に亘りて、四阿含等を読誦し卅一年四月、教界時言の廃刊と共に此運動を一結し、自坊に投じて休養の機会を得るに至りては大に反観自省の幸を得たりと雖ども、修養の不足は尚ほ人情の煩累に対して平然たる能はざるものあり。卅一年秋冬の交、エピクテタス氏教訓書を披展するに及びて、頗る得る所あるを覚え卅二年、東上の勧誘に応じて已来は、更に断へざる機会に接して、修養の道途に進就するを得たるを感ず。

而して今や仏陀は、更に大なる難事を示して、益々佳境に進入せしめたまふが如し。豈感謝せざるを得むや。

明治卅五年五月末日（『当用日記』、『清沢全』第八巻、四四一～四四二頁。『清沢集』二四七～二四八頁）

と振り返っている。結核の発病と宗門改革運動の挫折が、清沢の敗亡意識となり、石水（垂水の療養者）そして臘扇（無用者）というように、負としての我を名のることになるのである。この二つの雅号は、自力無功の自覚を示しているが、この自覚が、他力の信念への転回の起点ともなった。

2. 異質の他者の現前

一八九八（明治三一）年五月、三六歳の清沢は、三河大浜の養子先である西方寺に入る。しかし当時不治の病とされた結核の身であり、また、たまに行う本堂での講話が、布教者の説教に慣れ親しんだ田舎の門徒にとっては理解しがたい内容ということもあり、清沢は、檀家の人々から歓迎されないという羽目になる。前頁に引用した往事回想の文に「人情の煩累」という語が見えるが、それは、養子先である西方寺、またその檀家の人々との軋轢を示している。清沢は、尾張の在家の出身であったが、その俊才を認められて宗門から派遣されて東京大学に留学し、やがて帰洛、抜擢されて、二六歳の若さで京都府尋常中学校の校長に就任する。まさに一騎当千の勢いをもって教育に当たり、また宗門改革を指導したのであるが、敗残の身で西方寺に入り、周囲の理解も得られず、日々人情の煩累に苦しめられることになる。尾張と三河の言語・風俗の違いもそこにはあったであろう。いま眼前に、我に敵対し、我を脅かす異質の他者が現前する。清沢の臘扇期の課題のひとつに、他者にどう対処するかという問題があったように思われる。

当時の日誌に、漢語で草したつぎのような詞文がある。

斯名、斯利、斯我、畢竟什麼根蔕、彼害レ我、彼者何、我者何、彼辱レ我、彼者何、我者何、彼誤レ我、彼者何、我者何、彼是法界、我亦法界、彼与レ我、平等也、一如也、彼不レ解二平等一如一、彼之過也、我不レ関可也、彼自高、彼寧可憐也、我若知二平等一如一、我之幸也、我之慶也、大可二自謝一也、

（『徒然雑誌』第一号、『清沢全』第八巻、三二七頁）

この一文は、何かの古典から引用して書写したものではなく、自ら認めたものであろう。清沢は、学生時代には、このように漢文でその想いを表現することもあった。

内容について少しうかがってみよう。清沢は、名・利・我、一体その根本に何があるのか、と自らに問う。什麼《そも》とは、中国の俗語で、「どんな」「いかに」などの意である。彼は我を害す、彼は何

か、我は何か。彼は我を辱める、彼は何か、我は何か。彼は我を誤まる、彼は何か、我は何か。彼は是れ法界、我もまた法界、彼と我と平等なり、一如なり。彼が平等一如を解せざるは、彼の過《あやまり》なり。我は彼に関わらざるべきなり。彼は自らを高くする、彼はむしろ憐れむべきなり。我もし平等一如を知れば、我の幸せなり、我の慶びなり、大いに自ら謝すべきなり……と。

ここでいう「我」は清沢自身であるが、「彼」が具体的に誰を指すのかはわからない。おそらく入寺した西方寺で、さまざまな人情の煩累に苦しめられることがあり、この漢作文となったのであろう(9)。

清沢は、この一文のなかで、「彼」が「我」（清沢）を障碍しているという現実を記し、そして彼も我も平等一如であり、彼が平等一如の理法を知らないのは、彼のあやまりであって、その理法を知った我は幸せである、と自らに言い聞かせている。清沢は、自身と他身とを差別する意識を否定し、自他不二を説く、大乗仏教の根本教説のなかに自らの在り方を確かめ、そしてこの確かめを通して、人情の煩累を乗り越えようとしているようである。

仏教者としては当然のことであるが、清沢は、仏陀の教えに導かれて自他の障壁を越えようとする。そこに彼の聞法があった。清沢というと、内観修養を人々に勧めたということもあって、内観の仏教者というイメージが強く、「どうも私は、ホトホト清沢先生と道元といっしょになってしょうがない」という印象を語る人もいる(10)。実際、清沢は、西有穆山の『正法眼蔵啓迪《けいてき》』などの禅籍に親しんだ人でもあり、「日常止観」（『有限無限録』）を重視した(11)。ただ、清沢の場合、内観といっても

瞑想的内観とは異なり、真宗の聞法による内観であったことは注意されよう。清沢自身、

故ニ仏陀ノ老婆親切或ハ従内観修ノ門ヲ開クニ当リテハ一切衆生悉有仏性ト説キ或ハ従外聞信ノ門ヲ開クニ当リテハ其仏本願力聞名欲往生ト説ク　畢竟善巧摂化ノ大悲門タルモノナリ（故ニ自力門ノ要ハ汲々内観シ見性成仏スルニアリ　他力門ノ要ハ切々聞法シ即得往生スルニアリ（以下略）（『臘扇記』第一号、『清沢全』第八巻、三八九〜三九〇頁）

といい、自力門＝内観・見性成仏、他力門＝聞法・即得往生と両者の分際を確かめている。したがってその内観は、実際生活のなかで、先達の教えを亀鑑として日々反観自省してゆくことと別にはなかった。清沢は、真宗の仏教者として、日常には、『浄土三部経』、『歎異抄』、『御文』などを、最も尊重すべき聖典として拝読したのであろうが、安藤州一によれば、浩々洞の清沢の机上には、小本の『四書』、『エピクテタス語録』、『阿含経』、竹紙小本『支那歴史年表』、『臨床医典』、香月院深励の『歎異鈔講義』、小川丈平著『経釈抜粋法語集』などが置かれていたという(12)。それらは、平生の愛読書であったろう。

では清沢は、他者をどのように捉え、また我を脅かす他者に対して、どのように対処するのが適切だと考えたのであろうか。

『臘扇記』には、『エピクテタス語録』からの引用が多いが、その思想の影響を受けて、「外物他人」という表現がしばしば出てくる。清沢は、何が自己であり、何が外物他人であるか、はっきりさせねばならないという。たとえば、一八九八（明治三一）年一二月二五日に「偶坐案定」と題する

長い一文が記されているが、そのなかに、

自ト云ヒ己ト云ヒ外物ト云ヒ他人ト云フ　其何タルヲ精究スベシ（外物他人ストア学者ハ之ヲ称シテ「エクステルナルス」ト云フ）他人ハ知リ易シ外物ハ雑多ナリ（以下略）而モ妻子眷属モ亦他人タルヲ知ラサル可カラズ
（『臘扇記』第二号、『清沢全』第八巻、四二四頁。『清沢集』六〇頁）

という一節がある。ここで清沢は、外物他人をストア主義では「エクステルナルス」（externals）というと確認したうえで、自己と外物他人とを見極め、真に自己なるものを徹底して析出することにより、よるべき本来の自己とそれ以外の非本来のもの（非自己）とを弁別しようと努めねばならないとしている。この外物他人は、これまでの拙稿の文脈でいえば、「他者」という語に置き換えることができるであろう。清沢は、自己本来の面目を日々の内観修養によって回復し、自己に安んずることによって、他者（「外物他人」）に惑乱されない境位を見出そうとする。本来的自己の発見に向けての内観修養――。これが、清沢がたどり着いた問題解決の方法である。

この修養について清沢は、同じ日記に、

修養ノ方法如何　曰ク　須ク自己ヲ省察スベシ　自己ヲ省察シテ天道ヲ知見スベシ　天道ヲ知見セバ自己ニ在ルモノニ不足ヲ感スルコトナカルベシ　自己ニ在ルモノニ不足ヲ感ゼザレハ他ニアルモノヲ求メサルベシ　他ニアルモノヲ求メサレバ他ト争フコトナカルベシ　自己ニ充分シテ求メズ争ハズ　天下之ヨリ強勝ナルモノナシ之ヨリ広大ナルモノナシ
（『臘扇記』第二号、『清沢全』第八巻、四二三頁。『清沢集』六〇頁）

と記している。内観修養、すなわち浄土門的には聞法生活のなかに、真に自己なる境位を回復すれば、「他と争ふことなかるべし」、「天下これより強勝なるものなし、これより広大なるものなし」といわれる。これは自らの体験に裏づけられた述懐であろう。さきの松本氏の指摘で、「外なる環境に働きかけることによって解決するのでなく、逆に内なる自己の精神のあり方を問題にすることによって解消しようとする」といわれる。これは、おそらく清沢の内観修養のことを指しているのであろう。確かに、内観修養は、外なる環境への働きかけというより、外なる環境を諦観し、これに虚心平気に対処しようとする処世の方法である。内観修養とは、外面から内面への視点の転換によって自己本来の面目を獲得することを目的とする。

清沢は、何よりも自己の獲得とその自己からの出発を第一義とした。もしこれをもって、問題を「解消」しようとする心理的操作と捉えるならば、それは清沢の本意とは異なるであろう。むしろ事柄を解決する第一歩は自己にあるという決着である。このような決着に立った人間が、清沢における宗教的「個」である。

四、「今ノ世」の独我論的状況と「精神主義」

一八九九（明治三二）年六月、清沢は、新法主彰如上人（光演、句仏）の招命によって東上し、本郷森川町の近角常観宅に入る。ここに浩々洞の名を掲げ、共同生活が始まった。学生時代以来十余年ぶりに東京で生活した清沢が、新都に住む人々に感じたことは、本稿の冒頭で紹介したような、夏目漱石のいわゆる「ふたりの人が途中で逢へばうぬが人間なら、おれも人間だぞと心の中で喧嘩を買ひながら行き違ふ」(『吾輩は猫である』)[13]「今の世」の人々の有り様であったものと思われる。

東上後に著した日誌で注意されるのは、清沢が、仏教的視座に立って、一貫して有我論を人間の大きな誤りとして批判していることである。[14]人間の我執に大きな迷謬を見た清沢は、たとえば、

生存競争優勝劣敗ハ主我主義ノ結果ナリ　今ノ世ノ論者教者往々此主義ヲ趣帰トス　浩歎ニ堪ヘサルナリ（『転迷開悟録』〔三〕無我主義ハ公共主義ナリ、『清沢全』第二巻、一五九頁）

という。主我主義は、釈尊の根本教説である「無我」の道理に逆らうものである。清沢は、加藤弘之などの「今ノ世」の知識人たちがスペンサー流の社会進化論に賛同し、弱肉強食の思想を肯定していることに、強い痛みをもった。

近代人の「我」の自覚については、世上、しばしばデカルトの「私は考える。ゆえに私は在る」という洞察が言及されるが、清沢は、方法的懐疑の末に到達したデカルト的「我」について、

世人ハ有我論ヲ以テ常範トスルカ如シ（デカルト氏ハ我思故我在ト云ヘリ）是レ迷倒ナリ（『転迷開悟録』〔九〕十月五日徳風会ニ於テ、『清沢全』第二巻、一六五頁）

と鋭く突いている。清沢は、非デカルト派を表明している。近代の扉を開いたというデカルトの洞察を「迷倒」と批判した日本人は、清沢を嚆矢とするであろう。ここには、仏教的無我の道理（＝縁起観）に立って、近代人の第一原理となった「我」の論理を批判する清沢の冷厳な眼が窺われる。

上京した清沢は、ここで青年たちの現実に触れる。すでに仏教側にあっても、これまで無批判に前提としていた宇宙の本体や霊魂の不滅などについて反省を生じるようになっていた。古河勇（老川）は、「懐疑時代に入れり」と論評し、仏教界内外に大きな反響を呼んだ。

吾人の所見を以てすれば、是れ基督教徒に取りては已に懐疑時代を終へて、批判時代に入れるものなり、仏教徒に取りては已に独断時代を終へて、懐疑時代に入れるものなり。

（「懐疑時代に入れり」、『仏教』一八九四年一月、『真宗資料集成』第一三巻、同朋舎、一九七七年、四八五頁）

ここに明治中期に入っていったときにとくに若い世代に現れた精神状況がある。懐疑・煩悶ということである。この懐疑思想は、やがて明治後期に至って青年たちの心を深く捉えることになる。当時の仏教学徒の心情について、安藤州一は、つぎのように伝えている。

学問の気運、国家の形勢、宗門の内情、青年の趨向、是等の事情は相和して、一大懐疑思想を醸成した。真理とは何か、宗教とは如何なるものか、真理と宗教は合一するものか、安心立命は何に依るのか、これが当時に於ける青年求学者の心情であつた。我等は懐疑思想に包まれながら、宗門大学に在籍して、一日一日を送つて居た。

（安藤州一「浩々洞の懐旧」、『資料　清沢満之〈資料篇〉』同朋舎、一九九一年、一七二頁）

すべてを懐疑するなかで、疑えない「我」を立てていく独我論が青年たちの心のなかに強くなっていった。このような独我論的我に対して、清沢は、我の成立を関係のなかに見るべきことを説いた。

而して其自己を知ると云ふは、決して外物を離れたる自己を知ると云ふにあらず、常に外物と相関係して離れざる自己を知るを云ふなり、蓋し外物を離れたる自己は、是れ一個の妄想にして、全く其実なきものなり、何んとなれば、真実なる自己は、常に必ず外物と相関係して離れざるものなればなり、

（「本位本分の自覚」（『真の人』）、『清沢全』第六巻、三四二頁）

関係的自己を重視する立場においては独我論は成立しない。ここには、仏教的縁起観に立って、人間の関係的存在性を説く清沢の視点がある。この論理を展開したのが「精神主義」であったといえるであろう。独我論の克服こそ「明治ノ青年」（徳富蘇峰『新日本之青年』集成社、一八八七年）の思想的課題であったが、清沢の「精神主義」は、その課題への彼なりの解答であった(15)。

五、宗教と倫理の葛藤

清沢は、「真実なる自己は、常に必ず外物と相関係して離れざる」と説いた。ここには、自己を他者（外物他人）と別体として見るのではなく、他者と一体不二であるとする思想がある。「精神主義」の「万物一体」論は、この思想を敷衍したものである。万物一体の真理は、「宇宙間に存在する千万無量の物体が、決して各個別々に独立自存するものにあらずして、互に相依り相待ちて、一組織体を成ずるものなることを表示するものなり(16)」といわれる。清沢は、この「万物一体」の語を仏教の縁起観に基づいて、すでに早く高倉大学寮に教鞭を執っていた頃から用いている(17)。

東京で「精神主義」を主唱した清沢は、その基本思想を表すキーワードとして、『精神界』で、この「万物一体」という語を再び用いるようになった。この万物一体の観点に立てば、自と他との間には、断絶ではなく連続が見られることになる。清沢は、自と他との間に隔絶を見る立場を、「我他彼此差別の妄見」（「精神主義〔明治三四年講話〕」、『清沢全』第六巻、三〇三頁）と批判する。明治後期に顕著な自是他非の主我主義は、"Selfish Egoism"（『有限無限録』）にほかならない。これに反して、「精神主義」は、万物一体の観点から、社会生活における自他交際の実際においては、互助の精神（これを清沢は「同情」という）に基づき、人々が互いに助け合うことを重視する。

では、具体的な生活の場で、このような宗教的自覚に立った人は、ひとりの宗教的「個」として、どのように行動するのであろうか。つぎの例話は、精神主義の立場を典型的に示すものとして、従来しばしば注意されてきた(18)。

喩へば、路傍に急患の為めに呻吟するものあり、之に一顧の恵を与へ之が一時の急を救ふは易々たる事なるも、精神主義のものは、之を無限大悲の妙巧に任せて、平然知らぬ振りして通過し去ると云ふもの、如し、果して然るや、と。是れ屢吾人の精神主義に対して発せらる、所の疑問なり。請ふ少しく之を弁明せん。（中略）今彼の路傍の急患者の場合の如き、精神主義が之に対して他力の妙巧を信ずと云ふは、決して知らぬ振りして平然通過し去ると限るべからず。寧ろ直に歩を止め全力を尽して之を介抱するを当然と云ふべきなり。其介抱と通過とは、精神主義の一定する所にあらず。無限大悲が吾人の精神上に現じて、介抱を命じたまはゞ、吾人は之を介抱し、通過を命じたまはゞ、吾人之を通過するなり。通過と介抱の二点に就きては、吾人は自ら虚心平気にして、無限大悲の指命を待つあるのみ（以下略）

（「精神主義と他力」、『精神界』一九〇一年一一月、『清沢全』第六巻、七四～七五頁。『清沢集』一一八～一一九頁）

清沢は、「精神主義」について、他力主義であると言明する。この他力主義の見地に立てば、自他一切衆生はみな如来の子であると信じ、一切がただ如来の活動にほかならないと見て、その能動的活動にすべてをまかせるという生き方が採られる。では、路傍で急病の人と行き合った場合、「他力の妙巧を信ずる」ところの私（「吾人」）は、如来の大悲にその処置をまかせて通過すべきなのであろうか。当然のことながら、清沢は、これに対して、知らぬふりをして平然と通り過ぎることは勧めない。逆に直ちに歩みを止め、全力を尽くして、この路傍の急患を介抱するべきであるという。

万物一体の観点に立つ以上は、他者は自分と別物ではないから、これに対して無関心を装うことは許されない。「精神主義」が全責任主義と説く所以である。万物一体の思想を説いた程明道（一〇三二～一〇八五）は、天地万物の痛みを自分の痛みと感覚するべきであること、それが「万物一体の仁」であるという（『近思録』「道体」）。清沢も、その仁の思想を継承しているといえよう。

ただ人間は、有限者である以上、仁者としての行動、すなわち倫理的人間としての行動にも限界がある。状況次第によっては、全力を尽くして介抱できない場合もある。清沢にとっては、ここが肝心の問題であった。路傍の急患という場面の設定は、けっして架空の例として挙示されたのではない。清沢自身が肺結核に苦しむ病人であるとともに、自分の周囲には養わねばならない家族（病妻・病子）がいた。もし自分がさきに死去すれば、遺された妻子を誰がどのように看るのか。清沢は、結果的には妻子に先立たれたのだが、これは彼にとって極めて気がかりなことであった。

ここに有限者（我）が有限者（他者）を介護すること、すなわち倫理的立場の限界性がみつめられる。と同時に、「無限大悲の妙巧」を仰ぐという宗教的立場が必然的に要請されることになる。清沢は、無限者が介抱を命ずれば、その急病人を介抱し、通過を命ずれば、これを通過すればよく、介抱と通過について気に病むことなく、私（「吾人」）は、ただ「無限大悲の指命を待つ」のみであるという。

人間としての全責任的行動を要請する倫理的立場は、ここにおいて、人間としての責任を超えて、一挙手一投足を如来の勅命に委ねる宗教的立場へと翻転される。「精神主義」は、全責任主義から無責任主義へと反転する。清沢は、自らの死後の家人の行く末について、その宗教的立場から、すべてを如来に寄託して気に病むことはないという。つねに古哲の指教を大切にした清沢は、

ソクラテス氏曰く、我セサリーに行きて、不在なりしとき、天、人の慈愛を用て、彼等を被養しき、今我若し遠き邦に逝かんに、天豈に亦彼等を被養せさらんやと。

（「絶対他力の大道」、『清沢全』第六巻、一一三頁）

と記した。ここに、責任の重荷を降ろし、無用な心配に翻弄されることなく、天命に安んじて、

日々の生活に安住するという信仰者の立場、真宗でいう現生不退の道が見出される。しかし問題は残る。「無限大悲の指命」は、人間（有限者）において、いかに聞き届けられるのであろうか。それは、悟道の域に達した「達人」にのみ可能なのではないだろうか。清沢以降の浩々洞の門人の行動に揺れが見られるのも故なしとしない。まして凡庸な私は、責任を他者（他人・仏・神）に転嫁して、自らの行動を正当化するだけではないのだろうか。このような疑問について、清沢は、十分に開陳することなく夭折した。とすれば、私たちに残された道は、自らの宗教的伝統を「基準」とし、その遵守に徹しようとしたT・S・エリオット（一八八八～一九六五）のように、有縁の教法を一筋に聞思していく以外にはないのかもしれない。

いずれにしても私たちは、清沢の信仰が全責任主義（倫理）と無責任主義（宗教）の厳しい緊張関係のなかにあったことを忘れてはならない。清沢は、仏教の宗教的地平を近代に開いたといえるが、それは倫理とのせめぎ合いのなかに切り拓かれた地平であった。清沢は、武士の出自がなせるゆえか、どこまでも倫理的人間であった。であればこそ「信念の幸福」（「我信念」）に行き着くことができたのである。このような宗教的「個」としての清沢のあり方は、今なお大きな課題を私たちに与えつづけているといえるだろう。

註

（1）金子大榮『清沢先生の世界』文明堂、一九七五年。

（2）拙著『清沢満之と個の思想』第四章1、法藏館、一九九九年、一五四頁。
（3）『漱石全集』第三三巻別冊・中、岩波書店、一九五七年。なお、『清沢先生信仰坐談』は、一九〇四年に浩々洞出版部（後に無我山房へ改称）より初版刊行。『清沢全』第九巻所収。
（4）藤井淳「漱石の『こころ』「K」のモデル　学僧・清沢満之か」、『毎日新聞』二〇〇六年八月一八日。
（5）久木幸男『検証　清沢満之批判』法藏館、一九九五年。
（6）船山信一『大正哲学史研究』法律文化社、一九六五年、一五頁。
（7）西村見暁『清沢満之先生』法藏館、一九五一年。
（8）その他の区分としては、（i）哲学期―宗教期、として見る見方、（ii）前期（思想期）―中間期―後期（宗教期）として見る見方、あるいは、（iii）育英教校期―東京留学期―実験期―改革運動期―浩々洞期、として見る見方などがある。
（9）西村見暁氏は、「まつさんが語られるようには、勘五郎さんの所に二度続いて法要があつたが、その二度とも先生がお詣りになつたので、勘五郎さんが腹をたてて、追返したことがあつたそうである。先生が門徒に嫌われておられたことはこんな風であつた」と、エピソードを紹介している（『清沢満之先生』法藏館、一九五一年、二二二頁）。
（10）金子大榮『清沢先生の世界』九一頁。
（11）拙稿「内観主義――精神主義の方法」、『清沢満之――その人と思想』法藏館、二〇〇二年。
（12）法藏館版『清沢全』第八巻、四五四頁。
（13）『定本　漱石全集』第一巻、岩波書店、二〇一六年、五四六頁。
（14）拙稿『清沢全』第二巻「解説」、四二七頁。
（15）相良亨編『日本思想史入門』第二版、ぺりかん社、一九八六年、三四九頁。

(16)「万物一体」、『精神界』一九〇一年二月、『清沢全』第六巻、一一一頁。『清沢集』七八頁。

(17)拙著『清沢満之と個の思想』法藏館、一九九九年、四〇～四三頁。

(18)この例話を取り上げた論を一々辿ることはできないが、たとえば、古くは、上田閑照「宗教の根源的立場——第一　清沢満之先生の「絶対他力」の場合」(『密教文化』第五九・六〇合併号、一九六二年)、また最近では、末木文美士『仏教vs.倫理』第一三章(ちくま新書、二〇〇六年、一一五頁)を挙げることができよう。

明治中期における宗教と倫理の葛藤

――清沢満之の「精神主義」を視点として

東京（杉並区）を拠点とする西田哲学研究会より二〇一一年に発行の『場所』第一〇号（一〇周年記念号）に寄稿された論文。同誌は、小坂国継氏（日本大学名誉教授）を代表とする西田哲学の研究誌である。

はじめに

幕末に勤皇家として活躍し、攘夷派の浪士によって殺された佐久間象山は、「東洋道徳、西洋芸術」の標語のもと、日本人固有の精神をもって、西洋伝来の学問・知識を取り入れて活用するべきであると説き、明治以後の日本における洋学摂取の基本を示した。

この標語は、これまでの「和魂漢才」に倣って、「和魂洋才」ともいわれるが、和魂については、日本古来の道徳心が中心となり、洋才とは、技術学としての西洋の学問一般を指す。日本の近代は、文明開化・富国強兵を柱として、和魂の部分を「大和心」（やまとごころ）で担い、倫理の実際を、封建時代から引き続いて儒教的な忠孝の道徳に見定めてきた。それは、一八九〇（明治二三）年一〇月に発布された「教育勅語」により政府主導のもと強力に押し進められた。

このような近代の流れのなかにあって、既成仏教教団の各宗派も同じ路線を踏襲した。明治の真宗教団は、五倫五常に則り、真俗二諦論を展開してきた。しかし一方で、全体的な時代の思潮に対峙する形で、和魂ではなく、宗教（信仰・信心）の立場から倫理道徳の意義を問い直した清沢満之の思想が注意される。哲学者であり、また真宗の僧である清沢の信仰的立場は、ある意味では、反時代的な行き方を示すことになったが、「精神主義」に代表される彼の主張は、当時の社会にも大きな一石を投ずることとなった。

現在、和魂洋才ならぬ「無魂洋才の時代」になった、と作家の五木寛之氏は嘆いているが、改めて私たち自身の「魂」の部分を形作る宗教（信仰・信心）を通して、倫理道徳の問題について再考する必要が出てきている。

一、明治仏教と倫理

1. 宗教界の動向

仏教は、江戸期の頃からさまざまな意味で非難や論難の対象となった。倫理的立場からは、遊惰に流れる一部の僧侶たちの姿と相俟って、仏教は五倫五常を否定するという林羅山ら朱子学者からの批判があった。明治に入り、一八七三（明治六）年、僧侶の肉食・妻帯・蓄髪の自由が維新政府から通達されると、その倫理的堕落はさらに危惧された。このため真面目な僧侶たちの間で戒律復興が強く叫ばれるようになった。

たとえば真言宗の釈雲照は、一八八三（明治一六）年に十善会を結成し、戒律主義に基づいて民衆を教化した。また、浄土宗の福田行誡は、『観無量寿経』に往生浄土の行業として、世福・戒福・行福の三福が説かれていることに依拠して、戒の復興を説いた。それらは明治前期の護法運動の一翼を担った。

宗教は道徳的・倫理的なものでなければならないという論調は、明治期全体に共通した意見であったが、明治中期に、この点をことさら強調した学者に井上哲次郎がいる。井上は'ethics'に「倫理」という訳語を当てた哲学者として夙に知られるが、儒教倫理の学びを背景として、『日本陽明学派之哲学』（一九〇〇年）、『日本朱子学派之哲学』（一九〇六年）などを著し、『教育と宗教との衝突』（一八九三年）では、「然るに勅語の主意は徹頭徹尾国家主義にして耶蘇教は非国家主義なり」という前提のもとキリスト教を排撃し、「教育勅語」不敬事件で指弾された内村鑑三や同志社の横井時雄らと論争の端を開いた。

井上は、宗教というものは、現世的・現実的でなければならないという理由から、倫理教（理想教）を主張し、宗教を倫理に還元し、倫理がいままでの歴史的宗教の役割を果たすとした。そして

「将来の宗教」は、倫理に帰着すべきものという考えを徹底し、道徳を根底とする倫理教が、仏教あるいはキリスト教に代わって宗教の地位を占めるべきである、と繰り返し主張した。

倫理という側面から明治中期の思想界に眼を転ずると、動機が善ならば、その結果の行為も従って善であると主張して、文部省の指令によって辞職という憂き目にあった倫理学者の中島徳蔵の学説が注意される（哲学館事件）[1]。一方、仏教界では、社会のなかに仏教が果たす役割として、道義の振作普及を説いた新仏教運動を推進した仏教清徒同志会（一八九八年結成）の論説が想起される。彼らは、既成教団の腐敗や堕落と訣別し、仏教再生をめざす覚悟を示すために、キリスト教のピューリタンに対応して、「仏教清徒」と称した。仏教清徒同志会を結成した境野黄洋、田中治六、高島米峯、加藤玄智、渡辺海旭らは、信仰によって社会改革をめざした。彼らは、機関誌『新仏教』を舞台に、足尾銅山鉱毒事件や娼問題について鋭い論陣を張った。清沢満之は、『新仏教』の主張は、“Morality is Religion, Religion is Morality.”だと英語で述べている[2]。

2．清沢満之の立場

かつて真宗教学者の曽我量深は、清沢の三三回忌の年、清沢満之の一生涯の事業を振り返ってつぎのように総括したことがある。

この宗教と道徳との問題について、本当に自分の命をささげて研究せられ又思索せられた人は誰であるかと言へば、明治時代の清沢満之先生である。清沢満之先生の一代の努力といふものは、畢竟ずるに道徳といふものと宗教といふものの違ひを明らかにするといふことに尽きてをつたやうであります。清沢先生去られてから今年（昭和十年）は三十三年であります。（中略）私思ひまするのに、本当に道徳の問題は人間だけの問題でありませう。宗教の問題は人間だけの問題ではないのであつて、全宇宙の問題である。つまり天地人一体の問題である。だからしてその範囲の全く違ふことは言ふまでもないのであります。

（『曽我量深講義集』第四巻、彌生書房、一九七九年、一四四頁）

曽我は、従来、仏教において、その分限・分際が不分明であった道徳と宗教の関係を明瞭にしたところに、清沢の大きな貢献があったという。この場合、道徳と倫理とは、ほぼ同一の概念と了解することができる。

武士の家に生まれ、儒教的エートスを生来もっていた清沢は、倫理的に非常に厳格な人であった。その厳しさが、禁欲生活の実行となり、また生涯保持した修養の実践となった。

倫理性と宗教性の緊張関係の厳しさのなかに清沢の信仰（信心）はあった。彼は、倫理との厳粛な対決を通して、宗教が倫理と違う別天地を有するものであるという認識に到達した。

二、倫理から宗教へ

1．宗教的地平への展開

前に述べたように、井上哲次郎は、倫理を超えるものとして宗教をみるのではなく、倫理を実行させる力として、宗教の存在意義を認めた。このような主張の源に、井上を幼少の頃から培った儒教倫理がある。東京大学哲学科の第一回卒業生の井上は、やがて文科大学長の職に就いたが、真宗大学開校式（一九〇二〔明治三五〕年一〇月一三日挙行）に来賓として出席した。その祝辞のなかで、井上は、仏教のとるべき方針について論じ、道徳主義をとらねばならぬと力説したうえで、本願寺の欠点について罵倒に近いような辛辣な批判を吐露した。このあと真宗大学初代学長の清沢が立って、「ただ今は、誠にご親切なるご忠告をいただきました」と謝辞を述べたという[3]。

武士の出自である清沢も、井上と同様に儒教道徳に育まれ、倫理的感覚に悶え苦しみながら成長してきた。近世以来、四書（大学・中庸・論語・孟子）五経（易・書・詩・礼・春秋）は、人として身につけるべき素養として封建の世に尊重されたが、清沢は、少年時代にこれを師に就いて習学した。忠孝の倫理に代表される儒教的道徳意識は、清沢の身に沁みついた「心の習慣」（the habits of the heart）であった。

清沢は、東京大学の哲学科に入学したあと、倫理の問題、実在の問題、生死の問題などに関心を払ってゆく。倫理への関心では、「善悪」と題して、『教行信証』や『歎異抄』の諸文を、そのノートに引用している。そしてその末尾に、

又曰く
　念仏は地獄の種か極楽の業か
又曰く
　善悪のふたつ惣じて以て存知せざるなり
又曰く
　唯信ずるあるのみ

と記す(4)。これらの『歎異抄』の言葉は、後の彼の倫理への関心を先取りしている。清沢といえば、『歎異抄』の再発見者といわれるが、すでに学生時代に本抄に親しんでいたことが窺われる。

清沢は、『歎異抄』から多くのことを学んだが、宗教は倫理を超えたものであることを、本抄に学んだこともそのひとつであった。承知のように、彼は、『歎異抄』を、『阿含経』、『エピクテタス語録』と並び、「余の三部経」のひとつに数え、「安心第一の書」と呼んで、愛玩措くことがなかった。

生来蒲柳の質で、結核を発病していた清沢は、宗門改革運動の挫折もあり、一時期、三河大浜の自坊である西方寺に隠棲していたが、やがて宗門の要請を受けて、再び東京に出て、巣鴨に開学した真宗大学の初代学長に就任する。

一方、本郷の寓居に浩々洞の名を掲げ、雑誌『精神界』を刊行し、また洞で日曜日ごとに真宗の講話会を開く。この日曜講話会には、『精神界』が評判を呼んだこともあり、さまざまな青年たちが訪れた。いずれも人生に煩悶し、その解決を求める人たちであった。洞人であった安藤州一は、「私の見た処では、当時先生に苦悩を訴へた人は、大抵は責任観念の苦悩であつた」と回想している。(5) 責任観念の深さは、一面において、明治の青年たちの倫理的な真面目さを表すものである。多くの若者たちは、その真面目さによって、国に対して、社会に対して、家に対して、責任を感じ、責任を担わせられ、その重圧に苦しんだ。そのような若者たちに対して、清沢は、親鸞の他力の教えにしたがって、「凡ての責任を如来にまかせ奉りて、双肩の重荷を卸して感謝する」という、いわゆる無責任主義を説き、倫理を超えた宗教の道を示したのである。

2. 忠孝の倫理を超えて

このような清沢の立場は、「精神主義」という名で当時の社会に唱道された。「精神主義」という言葉は、一般に、何事にも精神一辺倒で対処するという頑な主張を想わせる。「精神一到、何事不成」（精神を集中して事に当たれば、どんな難事でも成しとげられないことはない）という古語があるように、客観的な状況はどうあれ、精神力ひとつ、つまり自力で物事は解決できるという策励と受け止められる。しかし清沢のいう「精神主義」は、親鸞の教えを、浄土真宗の用語を使わずに表現したもので、他力の信心の教えを基礎とする新・親鸞主義とも称すべき主張である。したがって、倫理に基礎を置くものではない。

江戸時代と同様、明治時代に日本人の倫理観の大きな要素を占めたものは、忠孝の倫理であったが、清沢は、浩々洞より発行した雑誌『精神界』のなかで、宗教は、倫理以上の地歩を占めると説いた。

平重盛は、日本の史上でも、賢者と呼はれた人である。しかし宗教の眼から見れば、まだ〱至極した人とは言はれぬ。なぜならは、「忠ならんと欲すれば孝ならず、孝ならんと欲すれは忠ならず、重盛の進退維に谷《きわ》まる」と歎息して、自ら死を祈るなどは、倫理上から見れは、一寸賢者の様に見えるが、あんな事位に進退谷まりて、手も足も動かぬ様になりて、終に死地に陥ると言ふは、いかにも気の毒な事である。要するに、重盛は倫理上に立脚地を持て居たから、あんな苦悶に陥りたのである。そこで吾々は倫理以上に大安心の立脚地を持ちて、如何なる場合にも平気に活きて居る様にならねはならぬ。現在安住の妙境に至らねはならぬ。

（「倫理以上の安慰」、『精神界』一九〇二年九月、『清沢全』第六巻、一二二頁）

この論説は、明治中期の倫理観のなかでは、特異の位置を有している。

今一度振り返ってみると、(1)、井上哲次郎は、宗教を倫理に還元し、倫理教を説いた。これは、「宗教─倫理以内」（宗教∧倫理）説である。一方、(2)、境野黄洋、高島米峯、加藤玄智らが主唱する新仏教のスタンスは、さきに触れたように、清沢によれば、"Morality is Religion, Religion is Morality." と捉えられる。すなわち、「宗教─倫理相即」（宗教＝倫理）説である。これに対して、(3)、

「精神主義」においては、宗教は、「宗教―倫理以上」（宗教∨倫理）説と捉えられる。清沢は、「精神主義」において、宗教の独立した領域を宣言しているといえよう。

三、宗教から倫理へ

1.「宗教―倫理以上」説の陥穽

宗教は、倫理以上の地歩を占めるという立場は、『歎異抄』を「安心第一の書」とする清沢にとって、早くから思念されたものであった。仏教は、忠孝の倫理を超えるという確信を、清沢は、釈尊の生涯の出発点に見出している。

忠孝両絶――出家入山
不視国家――釈種敗滅
不顧国財《人命》――飢饉行乞
不意親哀――還郷説法
（「御進講覚書」、『清沢全』第七巻、一九二～一九三頁）

病床のなか『阿含経』を読誦した清沢は、釈尊の前生、出家成道、伝道を説く『仏本行集経』三部六十章のなかでも、出家入山の場面にとりわけ深い感動を覚えた。いまこの「御進講覚書」は、浅草別院で勉学中の新法主（大谷光演、句仏上人）に講義するためのメモとして残された文（明治三三年）の一節であるが、「忠孝両絶」（忠孝両つながら絶つ）と表現されるこの「宗教―倫理以上」の立

場は、明治中期に本願寺がとった路線とは対照的である。明治に入り、宗門は真俗二諦論をベースとしていた。その俗諦の立場は、

朝家の為国民の為称名念仏の声諸共に特更忠君愛国の誠を尽されたい
（『宗報』第三二号、一九〇四年四月二六日）

という門末への呼びかけが端的に示しているように、「忠君愛国の誠」＝忠孝の倫理を顕揚する内容であった。明治の宗門は、忠孝を第一義として、真俗二諦論を押し進め、国家の立場に協調・協力するという路線をひた走った。

これに対して、清沢は、忠孝ではなく、宗教（信仰・信心）を第一要件にした。ただその主張は、人間生活において、倫理という歯止めがかからなくなってしまいかねないという側面も併せもった。とくに、その主張は、活字となって、世間に公表されるに及んで、世に誤解をもたらすことになった。たとえば、

此に至ると、道徳を守るもよい、知識を求むるもよい、政治に関係するもよい、商買をするもよい、漁猟をするもよい、国に事ある時は銃を肩にして戦争に出かけるもよい、
（「宗教的信念の必須条件」、『精神界』一九〇一年一一月、『清沢全』第六巻、七九頁）

と説かれる一節がある。ここでは、宗教的信念に入り、その信念が確立されさえすれば、あとは戦争に行くことも含めて、何をしようが構わないと、かなり乱暴とも思える筆致で論理が展開されている。

I 論文篇

この論旨に則るゆえであろうが、門下の暁烏敏は、倫理から宗教の領域を独立させて、過激ともいえる論説を発表して物議をかもした。たとえば彼は、「精神主義と性情」（『精神界』一九〇一年十二月）を発表し、これ以後、「精神主義」を道徳破壊説とする非難論難が盛んになった。最近、山本伸裕氏は、清沢執筆とされている「宗教的信念の必須条件」は、全面的に清沢の文章とはいえないのではないか、編集の段階で洞人（おそらく暁烏）が成文した可能性があるのではないか、と検証を試みている。[6] 浩々洞のなかには、清沢の「宗教―倫理以上」説を一面的に捉え、牽強付会した論者も一部に存在したのである。

2. 個人倫理の重視――「避悪就善の意志」

ただ、私たちが忘れてならないのは、清沢が倫理を超えた宗教の立場をとったからといって、けっして倫理を無化するとか、無倫理（倫理的アナーキズム）に陥ったわけではないということである。むしろ清沢は、厳しく自己を律する倫理的人間であった。それは、彼の生涯を貫く「修養」（修身養心）の実践にみることができる。したがって清沢は、宗教的信念確立の後に、もう一度倫理の立場に戻ることを説くのである。清沢は、日記に、

絶対吾人ニ賦与スルニ善悪ノ観念ヲ以テシ避悪就善ノ意志ヲ以テス　所謂悪ナルモノモ亦絶対
自覚ノ内容ナリ――（此自覚ナキモノハ吾人ノ与ニアラサルナリ）
ノセシムル所ナラン　然レトモ吾人ノ自覚ハ避悪就善ノ天意ヲ感ス　是レ道徳ノ源泉ナリ　吾

人ハ喜ンテ此事ニ従ハン

（『臘扇記』第一号、『清沢全』第八巻、三六三頁。『清沢集』三七頁）

と記している。私たちは、清沢が倫理道徳を超えた宗教の立場、すなわち〈倫理から宗教へ〉の方向性を明らかにしたと了解するが、同時に、〈宗教から倫理へ〉という方向性も、一方では展開していることを忘れがちである。清沢の日記の抜粋として親しまれてきた洞人の多田鼎が成文した「絶対他力の大道」では、右の「避悪就善の意志」を説く部分はカットされている。寺川俊昭氏は、「避悪就善の意志」を説くこの部分の重要性を折に触れて指摘している。(7) この「避悪就善の意志」は、他力の信心に開かれる個人倫理の実践という意味をもっている。清沢が生涯保持した「修養」は、「避悪就善の意志」の実行であった。

換言すれば、私たちは、清沢の個人倫理的実践に、宗教的自律の生き方をみることができる。これについて、後に清沢門下のある人は、「霊律」と呼んでいる。

世に二種の生活あり。即ち他律的生活と、自律的生活となり。然れども我等は此二者何れにも属せず、一箇特別の霊律的生活の中に在り。

（「他律、自律、霊律」、『精神界』一九〇七年一月、七頁）

清沢とその精神主義に表明された修養は、霊律という語に集約されるような宗教的自律の道であった。

3. 社会倫理への道――《公》《公共》《公共心》

「精神主義」は、明治に入って、物質主義偏重に流されつつある時代思潮に抗して、「精神性」（宗教性）の肝要なることを主唱する。それゆえに個人の内面が重視され、方法として内観主義をとる。しかしそれは、精神の名のもとに個人の内面に閉じこもることではない。であれば、それは逃避主義である。

さきに触れたように、清沢は、「倫理以上の安慰」という論説を『精神界』誌上に発表し、大きな反響を呼んだ。ここで彼は、忠孝の倫理は人間を救うことはないと断言し、「宗教―倫理以上」説を打ち出した。清沢は、「倫理以上の安慰」を執筆したあと、啓蒙思想家の加藤弘之の質問に答える形で、「倫理以上の根拠」を再度『精神界』誌上に執筆した。そのなかで、彼は、

忠孝は最も大切なる理義であると迄は云へやうが、尚忠孝が絶対無限のものであるとは云へぬ。畢竟するに、絶対無限と云ふことは、倫理上に立つものではなくして、倫理の実行が、絶対無限即ち倫理以上の根拠の上に立たねばならぬのである。

（「倫理以上の根拠」、『精神界』一九〇三年一月、『清沢全』第六巻、一三三頁。『清沢集』一四二頁）

と述べている。

すなわち忠孝の倫理は、相対有限の立場にとどまるものであるとして、「倫理の実行」を「倫理以上の根拠」＝絶対無限の立場、すなわち宗教の立場に根拠を求めなければならないとしている。

清沢にとって宗教は、仏教、とりわけ真宗以外の何ものでもなかったが、仏教の相依相待的因縁観を基礎として、彼が強調したのは「公」ということである。たとえば真宗中学校の生徒のために連載したエッセイのなかで、

吾人の生存は決して独立的の者でない、根本的に公共的の者であると云ふことを知るべきである、（中略）即ち社会的公共的精神ある者は、彼の罪悪不徳に対して其責に任ぜずには居られないことである、仏陀の精神は此処にあるのである、

（「心霊の諸徳」〔八〕、『政教時報』一九〇一年三月、『清沢全』第七巻、二九八〜二九九頁）

と説いている。清沢は、時代社会に、《公》《公共》《公共心》という徳性が失われてしまったことを痛み、その回復に向けて、いくつかの場で訴えた。(8) ここでいう「公」とは、申すまでもなく、「滅私奉公」の意で使われる「お上」（主君／天皇）のことではなく、「パブリック（public）」という意味である。ここに端的に窺うことができるように、精神主義は、「宗教—倫理以上」と説きながら、逆に宗教の立場から「公」つまり社会倫理への地平を開いてくるのである。

おわりに

近代の開幕期に活躍した清沢は、宗教、とりわけ浄土真宗が倫理の問題に対して、どのようなスタンスをとるべきであるかを尋ねた。当時の倫理の中心をなしたのは、忠孝の倫理であり、その徳

目は「教育勅語」を通して国民に喧伝されたが、清沢は、宗教の立場を「倫理以上」という言葉で表現し、宗教が倫理に対して別天地を開くものであると明らかにした。それは、間接的に、明治の教育勅語体制を批判する結果になった。

しかし「宗教―倫理以上」説は、宗教が無倫理の立場に属することを表明するものではない。逆に、清沢は、宗教からさらに倫理の立場に還ることを指向した。とくに晩年、清沢は、宗教を根基とした道徳、いわゆる「真正の道徳」の確立が急務であると繰り返し強調している。この立場は、たとえば《公》《公共》《公共心》というテーマで、いくつかの論説を遺していることからも明らかである。

しかし清沢の主張は、主として〈倫理から宗教へ〉という方向性に力点があり、〈宗教から倫理へ〉という方向性は必ずしも十分に開陳されなかった。当時、社会の潮流を形作った「宗教―倫理以内」説（井上哲次郎）、あるいは「宗教―倫理相即」説（仏教清徒同志会）に対抗するためには、当面、「宗教―倫理以上」説を強調することが重要であった。それゆえに洞人である暁烏敏の過激な論説をもたしなめることなく、清沢はこれを是認した。このため清沢の立場として表明された「精神主義」は、世間から道徳破壊という非難や論難を蒙ることにもなった。

ただ、従来あまり注目されなかった清沢の〈宗教から倫理へ〉という方向性は、「精神主義」が目指した地平を理解する上で欠かせない一点ではないかと思われる。

註

（1）清沢満之は、「今日は倫理の学説が盛んに論究されつゝある」として、その名を挙げずに中島徳蔵の論説に言及している（「宗教的道徳（俗諦）と普通道徳との交渉」、『精神界』一九〇三年五月、『清沢全』第六巻、一四九頁。『清沢集』一四八頁）。

（2）「将来之宗教」、『新仏教』一九〇二年四月、『清沢全』第六巻、三一〇頁。

（3）法藏館版『清沢全』第八巻、三五四～三六一頁取意。

（4）「大学四年度ノート」、『清沢全』第四巻、一六三頁。原文はこの順番と異なるが、清沢は欄外にこの順番で読むように、番号を付している。

（5）安藤州一「浩々洞の懐旧」、『資料　清沢満之〈資料篇〉』同朋舎、一九九一年、一八〇頁。

（6）山本伸裕「「精神主義」はだれの思想か——雑誌『精神界』と暁烏敏」、『日本思想史学』第四一号、二〇〇九年。

（7）寺川俊昭「願生の人・清沢満之——乗托妙用の自覚から避悪就善の意欲へ」、『親鸞教学』第六三号、一九九四年。

（8）拙稿「清沢満之の公共思想」、『真宗研究』第四八輯、二〇〇四年（本書収録）。

現代思想としての清沢満之
――そのカレイドスコープの一視角から

法藏館より二〇一六年に刊行の『清沢満之と近代日本』（山本伸裕・碧海寿広編）に寄稿された論文。二〇一二年に龍谷大学で開催されたシンポジウム「「精神主義」研究を問い直す」（第三回「仏教と近代」研究会）における基調講演「我が「精神主義」研究」をもとにしている。

はじめに

清沢満之は、日本が近代に入った一九世紀末から二〇世紀初頭において、仏教的伝統の意義を追究し、その伝統の回復を世に訴え、日本の思想界・宗教界に影響を与えた人である。しかしその行跡は、彼が身を置いた真宗大谷派の外側では、死後あまり顧みられることがなかった。一〇〇回忌を迎えた二〇〇二（平成一四）年、その出現の意義を再び捉え直してみようという気運が出てきた。

論集『清沢満之——その人と思想』（法藏館、二〇〇二年。以下『その人と思想』）は、その再考の試みの一環として編まれた。

これまでの研究では、宗門人としての満之像に焦点が当てられることが多く、このため総合的に満之を見る視点が乏しかった。『その人と思想』は、その出現の意義を、よりトータルに捉えようと目論み、その時点でぜひ清沢満之について論じていただきたい内外の研究者に、論文の執筆を依頼した。その「はじめに」において、共編者のひとりである藤田正勝氏は、

一〇〇年後の今日、清沢の受けとめた課題は決して果たされたのでもないし、また無効になったのでもない。むしろまさにアクチュアルな課題としてわれわれに解決を迫っている。清沢の立てたプログラムのなかをわれわれは現在もなお歩んでいると言ってもよいであろう。

（『その人と思想』iii頁）

と述べている。つい先年に同氏が著した『清沢満之が歩んだ道——その学問と信仰』（法藏館、二〇一五年）は、その歩みを、現在の時点において再び確かめてみようとする試みであったといえよう。

没後一〇〇年を機に、岩波書店から『清沢満之全集』全九巻（二〇〇二〜二〇〇三年）が出版された。大谷大学の小川一乗学長（当時）のもとチームを組織し、『現代思想の基礎理論』（講談社、一九九二年）、『アルチュセール——認識論的切断』（講談社、一九九七年）、『現代語訳　清沢満之語録』（岩波書店、二〇〇一年）などの多数の著作を通して広く知られている今村仁司氏に中心的に関わっていただき、思想家としての清沢像を重視して本全集を編集した。

今村氏は、さきの論集『その人と思想』にも、「清沢満之の現代性——現在の我々にとっての清沢の意義」と題する論稿を寄せ、「清沢満之をいま回顧するとき、われわれは時代の差異と類似性を鋭く自覚しなくてはならない。すなわち、明治維新後の日本近代開始期に生きた人物の経験と二十一世紀の未知の領域に突入しつつある時期に生きる「われわれ」の経験との違いと共通性がまずもって自覚されなくてはならない(1)」といっている。今村氏は、清沢を、まさに同時代的《コンテンポラリー》な思想家として発掘し、私たち現代人のあり方に問い直しを迫ったのである。

あれから一五年、さきの論集の企画に賛同し、参加した方々のうち、脇本平也、今村仁司、神戸和麿の諸氏はすでにいない。そして今、この新しい論集『清沢満之と近代日本』では、思想家として、教育者として、仏教運動家として、あるいは文学者との思想的交響圏を通して、その出現の意義が確かめられている。まさに現時点において、カレイドスコープ（万華鏡）のなかに清沢像を見る想いがする。

本稿で私は、先述の藤田氏の著した『現代思想としての西田幾多郎』（講談社、一九九八年）の顰《ひそ》みにならい、「精神主義」に代表される清沢満之の思想を、近代（過去）の思想としてだけでなく、現代にも意義ある有効な思想として、そのカレイドスコープの一視角から、「現代思想としての清沢満之」のタイトルのもとで試考してみたい。

一、私の「精神主義」研究

1．研究の基調

清沢とその後継者たち

「精神主義」の求道者たちには、多様な人たちがいる。これらを代表する人として、「浩々洞の三羽烏」、あるいは「浩々洞の四天王」という名称で呼ばれた宗門の仏教者がいる。暁烏敏、多田鼎、佐々木月樵を「三羽烏」、これに曽我量深を加えて「四天王」という。このうち「精神主義」の鼓吹者として後代に名を留めた代表的な人物は、暁烏と曽我である。「精神主義」の後継者となった人たちは、誤解を恐れずにいえば、「信心派」ともいうべき暁烏系と「教学派」ともいうべき曽我系に分かれ、現在に至っている。

近年、ニューヨーク州立大学から出版された *Cultivating Spirituality: A Modern Shin Buddhist Anthology*（Mark L. Blum & Robert F. Rhodes, eds., SUNY Press, 2011）は、「精神主義」を〝精神性を養う〟思想、これを敷衍すれば、仏典でいう〝「心田」（＝心なる田の意。心は仏の種が植えられるべき場であることから、「心田」といわれる。「心地」に同じ）を耕す〟思想と訳解し、清沢の衣鉢を継ぐ宗門人として、曽我量深―金子大榮―安田理深の教学派の文脈で捉え、その重要な論稿を訳出・紹介している。私もその出発点から翻訳チームの一員として参加し、出版にあたり本書の序文を担当した。その作業を通じて、清沢らの思想が国際的な場面でも通じる〈現代思想〉であると実感した。[2]

己事究明の伝統

清沢を学祖と仰ぐ大谷大学に入学して、幸いに私は、曽我・金子・安田という教学者の謦咳に接することができた。大学院のゼミでは、曽我師の直門である松原祐善先生にご指導いただいた。初学者の私が、真宗学科の先輩たちからたえず誡められたことは、「自己を問え」、あるいは「自己を通してものをいえ」ということであった。元来仏教は、己事究明をもって肝要とするが、承知のように、清沢は、

Know Thyself is the Motto of Human Existence?　自己トハ何ソヤ　是レ人世ノ根本的問題ナリ　自己トハ他ナシ　絶対無限ノ妙用ニ乗托シテ任運ニ法爾ニ此境遇ニ落在セルモノ即チ是ナリ
（『臘扇記』第一号、『清沢全』第八巻、三六二〜三六三頁。『清沢集』三六頁）

といっている。このような己事究明の立ち位置こそ、清沢が自らに課し、また浩々洞の同人に求めたことであり、それが大学の伝統として継承されたことであった。清沢は、明治という時代に生き、その時代の空気を呼吸しながら、「自己」、これを思想概念としていえば「個」の立場を鮮明にした人であるという印象を強く受けた。

一般に仏教者といえば、時代や社会から超然とした孤高の人といったイメージがあるが、彼はそうではなかった。時代とともに、また社会とともに思索を内に向かって展開し、宗教に自己の生の

あり方を求めた人であった。そういう意味で清沢は、時代・社会の動向に敏感に反応した、近代の宗教的「個」であった。そのような人として彼を見ることが、私自身の「精神主義」研究の基調を形作ることとなった。

2.「精神主義」への問い直しのなかで

問題意識の醸成

清沢とその思想の表現である「精神主義」は、二〇一四（平成二六）年に刊行された碧海寿広氏の『近代仏教のなかの真宗――近角常観と求道者たち』（法藏館）の、とりわけ「第一章〈近代真宗〉の形成――清沢満之論の系譜」、あるいは『清沢満之と近代日本』（法藏館、二〇一六年）に収められたジェフ・シュローダー氏の論稿「仏教思想の政治学――金子大榮の異安心事件をめぐって」に詳述されているように、宗門の内外で、毀誉褒貶に晒されてきた。宗門内では一九五六（昭和三一）年、宗務総長の宮谷法含氏が、『宗門白書』で、「大谷派が徳川封建教学の桎梏《しっこく》から脱皮し、真宗の教学を、世界的視野に於て展開し得たことは、ひとえに、先生捨身の熱意によるものであった」[3]と高く評価した。それ以来、宗門教学の基本的路線は、清沢に始まるいわゆる「近代教学」を基点とし、同朋会運動として継承され、現在に至っている。

ただ、「精神主義」の評価については、宗門外では田村円澄氏の「清沢満之と「精神主義」」をはじめ、多くの批判や限界性の指摘がある。一九九一（平成三）年に同朋舎から出版された『資料　清沢満之』（赤松徹真・福嶋寛隆編）全三冊は、「精神主義」に肯定的な文献、論文、講演のみならず、批判的なそれらをも収録した貴重な資料集である。

また宗門内でも、「近代教学」批判という形で「精神主義」への問い直しが起こった。とくに社会性の欠落、あるいは国家への従属という視点は、一貫した論点で、伊香間祐学氏の『教学を問いなおす――国家と宗教』（私家版、島津通編、一九八六年）、『「精神主義」を問い直す――近代教学は社会の問題にどう答えたか』（北陸聞法道場出版部、一九九二年）は、これらの批判を代表している。他方、これらの批判に対する反論としては、久木幸男氏の『検証　清沢満之批判』（法藏館、一九九五年）がその代表的なもので、新鮮なインパクトを与え、評判を呼んだ。

清沢とその思想である「精神主義」についての論評は、現在においても、宗門の枠を超えて繰り返されている。たとえば、これを批判的に論じた、近藤俊太郎氏の『天皇制国家と「精神主義」――清沢満之とその門下』（法藏館、二〇一三年）と、一方、その積極的な意義を説き直した山本伸裕氏の『清沢満之と日本近現代思想――自力の呪縛から他力思想へ』（明石書店、二〇一四年）は、ひとつの具体的な成果であろう。このせめぎ合いが、清沢の生きている証拠であるともいえる。

研究視点の触発

私自身の研究視点は、博士学位論文の「宗教的「個」の思想――清沢満之と精神主義」（一九九八年、大谷大学提出）において表明した。この論文は、『清沢満之と個の思想』（法藏館）というタイトルのもと、一九九九年に上梓された。就中、私は宗教的「個」としての清沢、またその個の思想としての「精神主義」について論考した。清沢の研究は、これまで多様な角度、また領域から行われ、大きな成果が現れているが、「個」という観点から清沢の人と思想を究明するという基本的姿勢に立った研究は、見受けることがなかった。その意味で私が啓発を与えられたのは、ジョンストン氏の清沢満之研究であった。私は、羽田信生氏のお勧めで読むことを得たジョンストン氏の学位論文に、ひとつの研究視点を示唆された。(4) 私がこの労作に接したのは、羽田氏がウィスコンシン州立大学（マジソン）から研修員として大谷大学へ来られた一九八〇（昭和五五）年前後のことである。欧米において清沢満之の先行研究がほとんど皆無に等しい状況のなかで、開拓的な研究に取り組んだジョンストン氏の努力に深く敬服したが、個人性（individuality）の問題を中心に据えて論考を進めたいという氏の研究視点を、私は、それと意図することなく共有した。

しかし同じような問題関心を抱きながら、私の立場は氏のそれとは異なるところがあった。私は、自ら一本に貫かれた確かな中心軸を欠落した存在であることを痛感しているところから、清沢の「個」の思想にアプローチした。私にはひとりの宗教的「個」としての清沢の生きざま、そしてその「個」の思想である「精神主義」が、彼の没後一世紀を過ぎて、なお私たちに、生の座標軸を提示しているように思われた。

二、研究に見出されたこと——宗教的「個」の思想として

1．その個の客観的な位相

「負」としての個

では、清沢が追求した「個」はどのようなものであるのか。それは、一般社会的な見地からすると、弱々しいものに見えるかもしれない。境野黄洋らの当時の新仏教運動からは、「精神主義」は高山樗牛の「日蓮主義」と並んで「羸弱思想」との批判を受けた。そしてその評は、現在も強いものがある。松本三之介氏は「精神主義」を「それはあくまでも「個」の思想であった」と論定するが、同時に、清沢の自己形成を「負としての個の形成」といい、

このように清沢満之によって追求された「個」は、自己の外なる状況と対決し、その間の溝をみずからの意志で乗り越えようとする創造的な主体を形づくるにはあまりにも能動的な力に欠けた弱さをもつものであった。

（松本三之介『明治思想史——近代国家の創設から個の覚醒まで』新曜社、一九九六年、一九八～一九九頁）

という評価を下している。『歎異抄』の信仰に影響されて、自己の罪障性を自覚し、結核患者であった清沢が、ひとりの宗教的人間として、「負としての個」たることは否定できないであろう。学生時代、青雲の志を抱いて、〝建峰〟と名のった清沢が、やがて雅号を、〝骸骨〟、〝石水〟、〝臘扇〟、

〝浜風〟と移し替えていったことは、「負としての個」の姿を如実に示している。

ただ清沢がその信念によって確立した「個」は、実に剛毅なものであった。それは、敗残と敗亡の意識に退行する虚無感、あるいは人生「不可解」(藤村操)の観念に陥るニヒリズムに打ち克とうとする能動性をもっていた。そしてその地平から、「精神主義」は、明治後期に迷悶者、病者、弱者に関わり、その自律、そして自立を扶ける思想として、創造的な意味をもった。

類的普遍と重層する個

本来的な「個」の立場は、類的普遍と重層しなければならない。「普遍」と「個」との関係は、あらゆる宗教にとって最も重要な部分であり、宗教理解の鍵は、この両者の関係の理解によっているといっても過言ではないであろう。

親鸞は、「個」を「弥陀の本願」(＝類的普遍)の上に立脚させたが、その「個」の立場は、真宗の歴史のなかで、必ずしも堅持されてきたわけではなかった。もし類(＝普遍)―種―個というカテゴリーのなかで、真宗の歴史を振り返ってみれば、真宗は、むしろ家族、血族という「種」に「個」を重層させてきたといえる。日本の近代仏教を振り返って痛感されるのは、「種」の論理の圧倒的な優勢である。封建主義という「種」の体制は、真宗に普遍の立場に立つことを容易にしなかった。

視野を明治仏教に少し広げてみると、宗門仏教を否定して、独自の運動を展開した明治の仏教近代化運動も、その開明的な意義はもちつつも、「種」の優勢を払拭しきれなかったといえる。大内青巒の「尊皇奉仏」、井上円了の「護国愛理」、田中智学の「立正安国」などの唱導は、宗派仏教を超えるという独自の領域を拓いたが、「個」を天皇・民族・国家という「種」の上に重ねることによって、仏教の普遍主義の立場からみると問題を残した。

清沢は、自らの「精神主義」について、

吾人は如何にして処世の完全なる立脚地を獲得すべきや、蓋し絶対無限者によるの外ある能はさるべし。（「精神主義」、『精神界』一九〇一年一月、『清沢全』第六巻、三頁。『清沢集』七四頁）

と述べる。注意されるのは、類的普遍を「絶対無限者」と呼び、それを頭上の方向にではなく、足下のところに、「立脚地」として見出していることである。その意味で、「精神主義」は、着地の思想であるといえる。

ただ詰めるべき課題は残されている。たとえば、近代真宗の思想空間において、女性は「個」としては析出されがたかったと指摘されている。[5]「精神主義」においても、明治後期に誕生した思想という時代的制約があったとはいえ、「精神主義」が男性中心に語られ、ジェンダーの問題は、その視野に入ることはほとんどなかった。「個」とジェンダーの関係の研究は、すでに始まってはいるが、さらに検討される必要がある。[6]

2. その「個」の主体的な位相

主体的自覚に獲得される個

清沢は、宗教について独自の見解を示している。その見解のなかでひとつ注意されるのは、「宗教は主観的事実である」（『清沢全』第六巻、二八三頁）といっていることである。この主観的事実という語は、哲学上の概念として捉えればさまざまに解釈できるが、もし一言にしてこれをいえば、「私における」ということであろう。宗教とはどこまでも「私」に関わる事柄である。したがって神仏の存在も、これを客観視するのではなく、「私における」主観的事実として受け止められる。それゆえに続いて次のような思いきった言い方も出てくることになる。

されど、今強いて其模様を云ふて見ますれは、私共は神仏か存在するか故に神仏を信するのではない、私共か神仏を信するか故に、私共に対して神仏か存在するのである。

（「宗教は主観的事実なり」、『清沢全』第六巻、二八四頁）

死後に生まれる極楽浄土を信じて疑わないという素朴な実在論的な見方が、真宗門徒のあいだでは当たり前であったこの時代、清沢のこの言説は、驚天動地の発言である。しかし彼によれば、宗教とは、まさに「私における」事実である。この意味において、主観的事実とは主体的事実である。このような主体的な自覚を根底とするところに、「精神主義」の「個」の位相をみることができる。

無限に対応する個

清沢に一貫する宗教定義は、有限と無限の「対応」である。清沢は、「宗教は有限無限の調和（対合、コルレスポンデンス）也」（『清沢全』第一巻、三六頁）という。そしてそれはそのまま清沢の真宗観でもある。この対応という根本基想は、早く『宗教哲学骸骨』に現れているが、そこでは、対応の概念は、一般的、論理的な受け止めがなされていた。ところが絶筆「我信念」では、対応の概念は、無限を「如来」という語に具体化し、信仰的、主体的な受け止めがなされる。

私の信念は大略此の如きものである。第一の点より云へば、如来は私に対する無限の慈悲である。第二の点より云へば、如来は私に対する無限の智慧である。第三の点より云へば、如来は私に対する無限の能力である。斯くして私の信念は、無限の慈悲と無限の智慧と無限の能力との実在を信ずるのである。

（「我信念」、『精神界』一九〇三年六月、『清沢全』第六巻、一六二頁。『清沢集』一八頁）

ここに清沢の宗教的自覚の究極的な内容があるということができる。注意されるのは、かれが、「如来は、無限の慈悲（智慧・能力）である」と一般的な言い方をせずに、「私に対する」という限定をもって、実存的に把握していることである。信仰において成立するそのような「我」を、安田理深は「信仰的実存(7)」と表現したが、私は、この告白に、清沢における「個」の位相をみることである。

三、「精神主義」再考の諸点――倫理問題を手がかりに

清沢の思想は、よくも悪しくも「精神主義」によって代表される。ひとりの思想家が、自らの思想の代名詞をもつことはそれほど多くない。「精神主義」は、浩々洞の同人によって、さまざまに手を加えられ、また解釈されたが、そのプロトタイプ（原型）を、彼自身の思想表現を通して、検討してゆかなければならない。今村仁司氏は、さきの論集『その人と思想』において、一般的な「精神主義」に鼈んで、あえて「清沢的「精神主義」」という語を用いている（『その人と思想』六七頁）。私も今村氏の指摘を思念し、プロト（原）「精神主義」を明らかにしていきたい。

1．人間と倫理の問題

倫理から宗教へ

宗教と倫理の関係は、明治中期に論議の対象のひとつであった。[8] 井上哲次郎は、宗教を倫理に還元し、倫理教を説いた。これは、「宗教―倫理以内」（宗教＜倫理）説である。一方、新仏教運動のスタンスは、清沢によれば、“Morality is Religion, Religion is Morality.”と捉えられる（「将来之宗教」、『清沢全』第六巻、三一〇頁）。すなわち、「宗教―倫理相即」（宗教＝倫理）説である。これに対して、「精神主義」においては、宗教は、「宗教―倫理以上」（宗教＞倫理）説と捉えられる。

倫理性と宗教性の緊張関係の厳しさのなかに、清沢の信仰はあった。彼は、倫理との厳粛な対決を通して、宗教が倫理と違う別天地を有するものであるという認識に到達した。しかし宗教を倫理以上とする「精神主義」の立場は、世間から道徳破壊とのレッテルを貼られることにもなった。ただ、その立場を表明した雑誌『精神界』のいくつかの論文や講話には、清沢に仮託されたものもある。山本伸裕氏は、法藏館から二〇一一（平成二三）年に『「精神主義」は誰の思想か』という著書を上梓し、『精神界』誌上の論説を精査・検証して、世に問うたが、今後の「精神主義」研究において、資料の吟味が何よりも欠かせない要件となることを明らかにした。

清沢の「精神主義」における〈倫理から宗教へ〉の方向性の意義を、厳密な資料吟味を通して再確認することは、課題として残されている。

宗教から倫理へ

私たちは、清沢が倫理道徳を超えた宗教の立場、すなわち〈倫理から宗教へ〉という方向性を明らかにしたと了解するが、同時に、〈宗教から倫理へ〉という方向性も、一方では展開していることを忘れがちである。清沢は、さきに引用した「自己とは何ぞや」に始まる日記『臘扇記』の断想の数行あとに、

吾人ノ自覚ハ避悪就善ノ天意ヲ感ス　是レ道徳ノ源泉ナリ　吾人ハ喜ンテ此事ニ従ハン

（『清沢全』第八巻、三六三頁。『清沢集』三七頁）

と記している。清沢の日記のこの一節を下敷きにして、多田鼎が編集し、「絶対他力の大道」というタイトルを付して『精神界』に掲載した文章では、「避悪就善の天意」と説く部分はカットされている。寺川俊昭氏は、この部分の重要性を折に触れて指摘している。[9]「避悪就善」という事柄は、他力の信心に開かれる個人倫理の実践という意味をもっている。清沢が生涯保持した「修養」は、「避悪就善」の意志の実行であった。この清沢の〈宗教から倫理へ〉の方向性の意義を、資料吟味を通して再確認することもまた、今後の課題として残されている。

2．今日的な問題として

着地の思想

清沢は、暁烏に宛てた手紙のなかで、絶筆となった「我信念」について、それが、真諦義を述べたものであり、前号の『精神界』（第三巻五号）に掲載した「宗教的道徳（俗諦）と普通道徳との交渉」という論稿に対応するものであると記している。

当時の通念的な理解では、俗諦の教えは、人道を説くものであるとされていたが、清沢はそれは誤りで、俗諦は、人道ではなく仏道を開くために説かれるのだという。そしてここに、宗門に流布した「俗諦国益論」が批判される。このような彼の俗諦論について、田村芳朗氏は、「満之は俗諦を捨てて真諦の一辺によった。国家・社会を捨てて、個人の心の中にひたっていったのである」と指摘する。[10]

ただ注意しなければならないのは、清沢は、世上流布している「俗諦国益論」を批判したのであって、宗教的信念を得た者が国家・社会の一員として、現実社会の倫理的要請に応ずるために努力することを批判したわけではないということである。

清沢が求めたものは、「絶対無限ノ妙用ニ乗托シテ任運ニ法爾ニ此境遇ニ落在」(『臘扇記』)すること、「必ず一の完全なる立脚地」(「精神主義」)を獲得することであった。したがって私たちは、まず何よりも絶対無限に接して、現実に着地することが要請される。そうして初めて離陸が可能になるのである。

公共主義の実践

清沢は、自らの「精神主義」の立場について、『精神界』誌上で創刊時よりしばらくのあいだ執筆しているが、私は、その基本思想をつぎの三点に整理したいと思う。すなわち、①「個」の確立、②公共主義の実践、③万物一体の自覚である。

清沢は、「勉めて自家の確立を先要とするが精神主義の取る所の順序なり[11]」といっている。「個」の確立は、「精神主義」の第一義であって、それは絶対無限に接することによって、外物を追い他人に従って、煩悶憂苦する私たちのあり方から解放されることである。それゆえ個人の内面性が重視される。しかしそれは、脱社会的な形で心のなかに浸ることではない。それは、一面において、

「個」を覚醒させる道として自己内観的な方法を採るが、その「個」は、孤立独存的「個」ではなく、関係的「個」として認識される。これについて清沢は、

自己を知ると云ふは、決して外物を離れたる自己を知ると云ふにあらず、常に外物と相関係して離れざる自己を知るを云ふなり、蓋し外物を離れたる自己は、是れ一個の妄想にして、全く其実なきものなり、　　　　（「本位本分の自覚」〔『真の人』〕、『清沢全』第六巻、二三四二頁）

と述べている。

関係的自己の認識は、社会倫理的な地平では「公共主義」、また環境倫理的な地平では「万物一体」の自覚として成立する。明治という時代は、日本人が近代的自我に目醒めた時代である。しかし自我はその暗黒面として、公の喪失をかかえている。真宗大学学監に着任して再び東京に出た清沢は、その現実を直視し、仏教の相依相待的因縁観を背景に、公―公共―公共心の大切さを力説した。また、おそらく足尾銅山鉱毒事件に触発されて、中国の東晋時代の僧で、鳩摩羅什の一番弟子といわれた僧肇の万物一体論、あるいは中国の北宋時代に活躍した程明道の「万物一体の仁」の説を背景に、「万物一体」の思想を表明した。それらの意義についての吟味もまた、公共性や地球生態系の危機に瀕して、協同・共生社会へと目指されている今日的な情況のなかで私たちの課題となる。(12)

おわりに

私は、共編者のひとりとして参加したさきの論集『その人と思想』の「あとがき」に、

> 近代は、人間の生、個別性、競争、人工……総じて「能動性」の領域に視軸を置き、人間の死、統合性、和合、自然……総じて「負」の領域を閑却してきた。そんな近代の初頭に生を享けた満之は、仏教的伝統に立って、自己の死、生の相互性、罪悪を直視し、翻って人間としての本来の生き方を模索し、独自の思想を構築した。没後一世紀経ち、宗教性・精神性が見失われ、いわゆる世俗化の方向に進み、近代の行き詰まりが深刻に反省されている現代、満之の思想・生き方の意味が新しく検討されるべき時に来ている。（『その人と思想』二八九頁）

と記した。それは、清沢満之に現代をも見透す思想をみたからであった。世上では、「ポスト・モダン」とか「近代の超克」などといわれ、そこでは〝個人主義を超えて〟ということが符牒のように語られている。しかしポスト・モダン社会ともいうべき現代においても、第一義的に重要なのは、やはり「個」から出発することである。

私は、ある身近な集会の開催趣旨文に、「危機感なき危機に晒されている私たちが、いかに「個」を持つことが重要であるかを思念し、そしてすべての人びとがこれからの社会を展望できるような機縁にいたしたい[13]」と記されていることに共感したのであるが、問題は、どのような「個」をもち、

その思想を、宗門的枠を超えて、いかに現代の世界に開いてゆくかである。
上来検討してきたように、清沢的「個」、ひいては清沢的「精神主義」が、複雑な現代を生きている私たちの「メルクマール」（物事を判断する基準、指標）のひとつになることは確かなのではないだろうか。

註

（1）『その人と思想』五九～六〇頁。
（2）ちなみに *Japanese Philosophy: A Sourcebook*（James Heisig, Thomas Kasulis, John Maraldo, eds. University of Hawaii Press, 2011）には、"The Pure Land Tradition" の章に、清沢満之の項目に一一頁、曽我量深の項目に七頁、安田理深の項目に六頁を割いて、生涯と思想が紹介されている。
（3）宮谷法含「宗門各位に告ぐ（宗門白書）」、『真宗』一九五五年四月、『資料　清沢満之〈資料篇〉』同朋舎、一九九一年、四九八頁。
（4）Gilbert Lee Johnston, *Kiyozawa Manshi's Buddhist Faith and Its Relation to Modern Japanese Society* (Ph.D. Thesis presented to Harvard University, April, 1972).
（5）碧海寿広『近代仏教のなかの真宗――近角常観と求道者たち』法藏館、二〇一四年、一五一頁。
（6）その意味で、福島栄寿『思想史としての「精神主義」』第五章「仏教婦人雑誌『家庭』にみる「家庭」と「女性」――「精神主義」のジェンダー」（法藏館、二〇〇三年）は、この領域の研究に先鞭をつけた。

（7）安田理深『信仰的実存――落在せるもの』文明堂、一九七五年。
（8）拙著『近代日本と親鸞――信の再生』筑摩書房、二〇一〇年、一一八～一二五頁。
（9）たとえば、寺川俊昭「願生の人・清沢満之――乗托妙用の自覚から避悪就善の意欲へ」、『親鸞教学』第六三号、一九九四年。
（10）田村芳朗「天皇制への明治仏教の対応」、戸頃重基編『天皇制と日本宗教』伝統と現代社、一九七三年、一七五頁。
（11）「精神主義」、『清沢全』第六巻、四頁。『清沢集』七五頁。
（12）たとえば、武田一博『市場社会から共生社会へ――自律と協同の哲学』青木書店、一九九八年。
（13）『真宗』第一三四四号、二〇一六年三月、四〇頁。

II

講演篇

清沢満之と「精神主義」

真宗教学学会より二〇〇一年に発行された『真宗教学研究』第二二号に収録の講演録。前年に「「精神主義」と現代――清沢満之の精神主義」をテーマとして開催された第七回真宗大谷派教学大会で講演されたもの。

はじめに

ご紹介にあずかりました安富です。久木幸男先生の大変に力強いお声を聞きまして本当に嬉しく思ったことでございます。私自身のお話は全然力強くないので、申し訳ないことだと思います。しかし今回このような場所でお話しせよということですので、しばらくお時間を頂戴して、このテーマに基づいてお話をさせていただきたいと思います。この真宗教学大会ではこれから三年間、「清沢満之の精神主義」を大会のテーマとするということを聞いております。一九〇三（明治三六）年に清沢満之先生がお亡くなりになられてから一〇〇年になります。「精神主義」が一〇〇年前に存在した意義を今の時点でもう一度確かめてみたいと、そういうことであろうかと思います。

それで講題にも出させていただきましたように《清沢満之と「精神主義」》というタイトルでこの場に臨んだことでございます。お話しするようにといわれて、最初はどういうタイトルをだしていいかわからなかったものですから、漠然と《清沢満之と「精神主義」》としました。ただし精神主義という字にはカッコをつけておいてくださいということだけお願いしました。カッコをつけたということは、清沢先生のいわれる「精神主義」というものが私たちが一般にイメージするような精神主義というものと全く違っていることを表したかったわけです。私たちがイメージする精神主義というものは、「精神一到何事か成らざらん」（朱熹）といいますか、何でも自分の精神力一つで難事を解決しようという頑なな心を意味しているかと思います。客観的な状況というものを無視して、何でも心一つだけでやってしまおうというのが精神主義だと思われている。しかし清沢先生の「精神主義」をそういうものとして捉えようとしますと全く違ったものになるわけです。「精神主義」という言葉は宗教あるいは仏教そして真宗、こういう精神的伝統の一つの在り方といいますか、その生き方を「精神主義」という言い方で表現しました。

この精神という言葉遣いにつきましては、恐らく明治になってから積極的に使われるようになった言葉です。清沢先生のものを読ませていただきますと、たとえば『教界時言』に非教学的精神というものを私たちは変えなきゃいけないということを書いて、精神という言葉を使っておられます。それから主義という言葉も一つのモットーという意味なんだということで使っておられます。そういうことでは精神という言葉も、主義という言葉も、清沢先生が常に使っていた言葉です。宗教的精神というものを主義とする。これが「精神主義」であろうかと思います。同時にやはり「精神主義」というのは清沢先生独自のものでして、清沢先生のおられた浩々洞でいろいろな影響を受けた方々が「精神主義」という言葉をお使いになりますが、しかし清沢先生の仰る「精神主義」というものと門下の方の仰る「精神主義」というものとは、微妙なずれといいますか、違いがあると思います。それぞれ宗教的な個性がありますので、同じ言葉を使ってもそこに込められた想いといいますか、内容といいますか、若干ずれがあるように思います。

そういう意味において、「精神主義」という言葉を今回私は清沢先生に一応限定して使いたいと思います。というのは清沢先生の「精神主義」は彼自身の激しい葛藤のなかから闘いとったものであって、それは余人の追随を許さないような大変大きな精神です。ですから、私が「精神主義」について外側から語ってみても本当に表面的なことだけでして、充分な内容をそこに汲み取ることはできないかと思います。そういうことを考えますとき、そこに限定をつけた「精神主義」と、私はこういいたいと思ったことです。ともあれ、この「精神主義」は清沢先生自身が自分の苦難のなかで闘いとった他力の信心を、明治近代の言葉で再表現したもので、けっして他力の信心に何かを付け加えたものではありません。「精神主義」というのは、彼の言葉でいう「実験」を通して獲得されたものであって、けっして頭のなかで作り上げたものではない。観念的な思想ではない。そう申し上げたいと思います。

清沢先生は『歎異抄』を通して親鸞聖人の信仰に触れていかれるのですけれども、親鸞聖人の信仰について考えるときに、特徴的なことは、時代と人間について深い危機を自覚していたことであろうかと思います。そういう点において時機ということは大きな意味があるのではないか。親鸞聖人の場合には〈時〉というのは末法であり、それから〈機〉というものは下根である。そういう二重の危機意識というものを親鸞聖人はもっておられたと思います。問題は、そういうなかで人間がどう救われていくかということです。その機が下根であるということは煩悩具足の凡夫であるということです。そういう〈機〉というものに対する救済の道を説く。親鸞聖人はその機についての違いを正定聚とか邪定聚とか不定聚というように、いくつか位相を区別しているわけです。そういう〈機〉というものがどういうふうに転ぜられていくか。信心の〈機〉の展開過程というものをさまざまに表現しておられるわけです。それは親鸞聖人自身の宗教的体験そのものから説かれたものでございます。この〈時〉と〈機〉という問題が親鸞聖人の教学について考える場合に見過ごすことのできないことであろうかと思われます。そしてそれは真宗の信仰のなかで常に吟味されてきた事柄であろうかと思います。

親鸞聖人が亡くなられて二〇〇年すると今度は蓮如上人が出てまいります。蓮如上人という方は親鸞の信仰の伝統に立って、そして自ら生きた時代に人間について把握して信心を明らかにされた。たとえば有名な「末代無智の御文」がございます。考えてみますと、やはり蓮如上人にとって〈時〉というのは末代という意味があったのでしょう。それから〈機〉は無智という意味があったと思います。その時機の自覚に立ちまして蓮如上人が信仰運動を展開される。彼が生きた時代というのは室町戦国乱世の頃でございます。その自ら身を置いた歴史社会の環境は、親鸞聖人が身を置かれた鎌倉時代の歴史と人間の状況とまた違うものがございます。そういう意味においては、末代無智という表現は、親鸞聖人の末法下根という時機の自覚にもちろん通底しますけれども、ややニュアンスが異なったものが感じられます。

そして蓮如上人が亡くなって三〇〇年以上を経て清沢満之という人が出てまいります。清沢先生も蓮如上人と同じように親鸞聖人の信仰の伝統に立った人でございます。先生は幕末に生まれて明治の中頃に早逝した方です。何よりも近代、さきほど久木先生のお話のなかで充分に展開していただいたことでございますけれども、近代という空気を清沢先生は呼吸した人であった。そして人生に大きな問題を抱えて苦悩した人です。その清沢先生の「精神主義」の論稿に「迷悶者の安慰」（『精神界』一九〇二年一月）があります。人生に悶え苦しむ者の大きな安らぎということでございます。そう考えてみますと清沢先生の生きた〈時〉は近代という時で、そして〈機〉は迷悶せる者、迷悶者という自覚があります。そういう時機の自覚に立ちまして「精神主義」という新しい名前で親鸞聖人の信仰を現代社会のなかで公開しようとされた。

近代と申しますと封建時代から脱皮した希望に満ちた時代を想像させるわけですけれども、しかし清沢先生が体験した近代はそういう希望に満ちた明るいものではありませんでした。もちろん若い頃には先生も時代の未来に対する明るい期待に胸を膨らませていたと思われますが、しかしその晩年に主宰された雑誌の『精神界』の諸論稿を読みますと、私たちが受ける印象は、闇鬱なものです。先生はこの時代に一人の結核患者として生きて肉体を蝕まれていきました。しかもその病はさまざまな苦悩の元になったわけです。そしてそういう苦悩のなかから信仰を求めて、その信仰を闘いとってそしてその信仰を同時代に生きる人々と共有しようとしたわけです。

そういう近代という時代、その近代の病といいますのは、一言でいえば、近代的な自我に根差すものであったといっていいかと思います。その自我に振り回されて自己を失ってしまっているところに近代人の病理というものを清沢先生はみられた、そしてそこに危機ということをみたわけです。危機というのは、文字通り「危」「機」です。その自我としてある機がどのようにして自己に向かって転ぜられていくか。

たとえば「心機の発展」（『精神界』一九〇一年九月）という論稿があります。「心機の回転」という言葉を用いて危機を突破するプロセスを説いておられます。そういうような文章表現の場所として、『精神界』は近代の宗教史上において大切な意味をもったことと思います。

そして今私たちが生きている現代というのは、清沢先生がおられた時から一〇〇年経ているけれども、やはりこの時機というものの把握なしには何も語ることはできないし、また何も提言することができないと思われます。そういう意味で「精神主義」を一つの近代の大きなメルクマールとして振り返ってみるということは大切なことだと思います。

一、危機の諸相

まず近代という時代ですけれども、さきほどの久木先生のお話にもありましたように文明開化と共にやってきます。西洋から近代の欧米文明が怒濤のように日本に押し寄せてきます。それは封建制度からの脱皮というプラスの側面をもつと同時に、さきほどいわれた競争ですね、優勝劣敗というようなマイナスの側面をもつことになります。

それでは文明開化といわれる近代を象徴するところの文明というものは、どういうものとして先生の眼に映ったのか。『精神界』に載ったいくつかの論稿をみますと、文明について触れたものがございます。それをみますと、先生は文明について一面的に肯定したり一面的に否定したりすることはございません。

たとえばこういう言葉があります。「精神主義は、物質的文明を対《(ママ)》して、此の如き消極主義を宣揚するものにあらさるなり(1)」と。つまり反文明主義ではないのだということです。また、「車馬可なり、高楼可なり、脚鞋可なり、陋巷可なり」といって、つまり物質的文明の恩恵を受ける人もいるし、またその恩恵を受けない人もいるわけですが、そういうことによって人間の卑賤、あるいは尊卑というものはみることはないのだと。ただ物質的文明に振り回されてはいけないのだと。そういうことを述べておられます。

ところが文明というものがもたらした病理について、清沢先生は、同時に厳しく批判しております。さきほどスペンサーのお話がございましたけれども、スペンサーの社会進化論ですね。社会ダーウィニズムともいいますけれども、そのスペンサーが当時日本の思想に大きな影響を与えたわけです。今はスペンサーというと知っている人は少ないと思うのですけれども、明治においてスペンサーほど影響力のあった人はいなかったわけです。彼の主張した社会ダーウィニズム、社会進化論は、非常に大きな影響を与えた。そこでは生存競争というものが肯定されるわけですけれども、それについて先生は「和合の心」（「心霊の諸徳」）のなかで、「生存競争だの優勝劣敗だのと云ふ主義は、人間をして禽獣世界昆虫世界に堕落せしむる主義である」と、また「吾人が西洋文明の長所を学ふ為に、覚へず知らす彼の悪主義迄も吸収したのである」と、こういうふうにも述べております。(2)

こういうように、一面物質文明というものに対して肯定も否定もしないのだということを仰りながら、しかし西洋文明とか物質的文明のもっている悪という、暗黒面というものに対して、非常に批判的な眼差しをもったことでございます。それは先生の第二次東京時代と申しますか、第一次東京時代は、先生が東京大学で学んでおられて将来立身出世していこうという、そういう時期が第一次東京時代だと思いますけれども、その後一〇年ほど経ちまして、三七歳に先生は、再び東京に出てくるわけです。第一次の東京生活の後、京都に行って、宗門改革運動などを推進して、そしてまた一〇年後に東京に舞い戻ってきます。学生時代にはまだ文明というものについてそういう批判的な眼差しというものはそんなに強くなかったかと思われますけれども、しかし再び東京に出てきて、東京の情景とか風俗とか、そこに生きる人々の有り様をみますと、日本人に西洋の物質文明が何をもたらしたか、つぶさに体験したものと思われます。たとえば一九〇三年の思索、亡くなられる年の思索ですけれども、先生は「文明開化は活潑動作の謂なり。故に文明世界は欲世界なる事勿論なり。能く〳〵考究すべし(3)」といっております。「欲世界」というのは欲望中心の世界ということです。

文明開化と共に日本人は近代的な自我に目覚めるということになりましたけれども、その自我の行方に私たちは光と影の両面をみることができるかと思います。そういう意味において近代的自我というのは両刃の剣でなかったかと思います。光の面ということで申しますと、日本人が封建時代の権威主義から解放されて所謂自主独立自尊という道を歩み出すことになったことです。田舎の青年が苦学をして立身出世するという話は一つの成功譚としてよく語られていたことですし、また自由民権運動にみられるような政治への参加の要求というものも高調します。明治中期になりますと、さきほどもお話がございましたように、全国的に公私立の中学校、実業学校あるいは専門学校、大学の体制というものが整備され、人々の教育水準があがってまいります。そこに自我の目覚め、それから個人意識の深まりというものがもたらされます。そういう個人意識の深まりが青年たちの間に自立への強い要求をさらに呼び起こす。そういう意味において、近代的な自我というものが人間の権利、人間の自由というものを高らかに謳い上げたわけです。

それはいわば光の側面だと思いますけれども、しかしこの近代的自我は暗黒面をもっている。それは清沢先生自身が、「自我独尊の妄見」[4]という言葉で表現しております。限りない自我拡大の衝動です。そういうような自我を先生は『有限無限録』でセルフィッシュ・エゴイズムという言葉で呼んでおります。そしてそれを厳しく批判しています。そういう意味において、近代的自我は、その暗黒面として、パブリックというか公というものを見失わしめる、そしてますますプライベートというか私というものが中心に据えられるようになってくる。いわば、私人原理というものが人間を動かす原理になってくる。そして公人原理というものが喪失してしまう。「精神主義」を唱導した背景には、公人原理を失って私人原理に陥った社会の状況というものに対して公なるものを説いていく。そういう意味が「精神主義」運動にはあったわけです。文明開化によってもたらされた自我の行方の暗黒面に眼を注いで、その自我による競争争奪の害を批判する。そして同朋和合の本来の自己に帰るべきことを説いております。『精神界』における先生の論稿には自我に縛られるものが本来の自己に帰るべきことを説いた説が多いわけです。そしてそれ自身が人間の精神性の回復を訴えるものであったわけです。

それと同時に、明治中期の自我の行方について振り返ってまいりますと、もう一つ注意されることがございます。それはいわゆる富国強兵という政策のなかで、帝国主義、国家主義というものが押し進められて、個人は臣民としてその価値が認められるようになったことです。まさに最近の森(喜朗)首相の発言でいえば「天皇を中心とする神の国」という政策が正面に出てきたことです。そういう国のなかで、個人の価値というものは軽視されるようになって、全ては国家のためという大名目のもとに行われる。これについて当時『新仏教』という雑誌がございましたけれども、その『新仏教』の一論者が、この抑圧状況についてこんなことをいっています。

あゝ国家のため、とはまことにかくの如きものなり。

僕かつて、中学生に課して、各自の目的を叙述せしむ。彼筆《ママ》は皆いはく、国家のために学業に従事すと、或は又いはく、国家のために高等学校に入らんと、或はいはく、国家のために商業に従事せんと、而して、彼等は遂に一度も、自己、主観、自我、人生について、何のいふ所もなかりしなり。彼等は実に、たゞ国家あるを知りて、自己あるを知らざる也。

（「国家のため」、『新仏教』一九〇四年八月、『『新仏教』論説集』上巻、永田文昌堂、一九七八年、一〇六二頁）

こういう論説を『新仏教』で、ある論者はいっております。そういう状況を作り出すもとに学校教育があったわけです。『精神界』がでてきた明治三〇年代の頃の青年といえば、彼らが子どもの頃、一八九〇（明治二三）年に公布された教育勅語を小学校で聞いていました。その趣旨に基づいて教育の中心に据えられた修身教育を受けた人たちであったわけです。その修身教育では、尊皇愛国という、士気を養うということが中心となり精神の自由は無視されていました。

したがいましてこの明治中期の自我の行方を振り返ってみますと、一方では自我が解放されて、それが個人意識の深まりをもたらして、自由への要求に燃えた人を生み出した。その反面においてはセルフィッシュ・エゴイズムといわれるような私人化というものを生み出した。また他方では国家の重圧のもとに自我が抑圧される状況ももたらされます。そういう矛盾した状況のなかで自己存在そのものが危機に瀕した。大まかに整理すればそういうことになろうかと思います。

一八九四（明治二七）年、古河勇（老川）が、『仏教』という『新仏教』に先立つ雑誌に「懐疑時代に入れり」という論稿を発表して評判を呼びました。今までは霊魂とか宇宙だとか、宇宙の永遠だとか、そういうのを無批判に信じていたわけですけれども、しかしそういうことに対して疑いをもつ。この一八九四年という年は、例の北村透谷が自殺した年でもあります。北村透谷の場合、キリスト教に入って、そのあと飛び出して、恋愛に破れるとかいろいろなことがありまして、自殺に追いやられるわけです。そこに象徴的な意味があります。そして一八九四年からちょうど一〇年たち、一九〇三年ですけれども第一高等学校の哲学青年、大変に優秀な青年であった藤村操、かれが日光の華厳の滝に飛び込んで自殺する。そういうことがあったわけですね。この藤村操が、遺書を遺しておりました。木のところにこれをくくりつけて書いているわけです。「万有の真相はただ一言にして尽くす、曰く不可解。我、この恨みを抱いて煩悶遂に死を決す」という、そういう遺書を遺して日光華厳の滝に飛び込んだわけです。これは大変な衝撃を当時の青年たちに与えて、十何人かの青年たちが彼に続いてその年に自殺したといわれています。一大社会問題になった事件です。

「懐疑時代に入れり」（古河勇）から「煩悶遂に死を決す」（藤村操）に至る。明治二七年の懐疑に始まって明治三六年の煩悶に至る。このように明治の三〇年の前後は、懐疑・煩悶の時代といわれます。そういう懐疑という社会状況、これはやがて現実逃避だとか、厭世感だとか虚無主義となってあらわれる。しかしその懐疑・煩悶という、その疑問のなかに、いわば生存の不安そのものへの真摯な問いがあったわけです。そういう状況のなかで「精神主義」運動がもった意味がある。それは、時代と人間にコミットメントする、真宗の側から時代と人間にコミットメントしていこうということです。しかもそれが懐疑・煩悶状況に投げ出された青年たちにかなり深いところで力と影響力をもち、自我解決の道を切り拓くことになったということがあったかと思います。

二、危機の内観

そういう意味において、明治は、中期にさまざまな意味で危機が現れてきているけれども、明治中期の青年にとってとくに、懐疑・煩悶という事柄が大きな問題であった。清沢先生にとって、青年の懐疑・煩悶という問題は、けっして他人事ではなかったわけです。先生は、肺結核に罹り、人生に迷悶した人です。先生は自らの体験を通して当時の青年たちの直面した懐疑・煩悶について理解をもつことのできた人であったと思います。当時の歴史関係の書物を見ておりますと、この懐疑・煩悶は青年たちの心を霧のように覆った流行病のようなものであったようです。そういう不安感が醸成されるなかで多くの若者たちが宗教に解決の道を求めた。キリスト教の場合には、一九〇一（明治三四）年から大挙伝道運動が始まり、その教勢は、大都市を中心に広がっていきます。

その教勢が伸張していくなかで大きな影響力をもった人として、内村鑑三とかあるいは海老名弾正とかあるいは植村正久というような人々をあげることができます。そういう人たちが青年たちの心を捉えていった。ところが仏教のほうでは、青年たちの懐疑・煩悶に対して応答した人は少なかったわけです。清沢先生はその珍しい人たちのなかの一人であったと思います。それはさきほどもいいましたように、先生自身が一人の迷悶者として生きていたということがあります。先生は、迷悶するなかで『歎異抄』『エピクテタス語録』『阿含経』というような書物に触れていったわけです。それを通して〈真に自己なるもの〉を求めていった。その〈真に自己なるもの〉を求め、その求道のプロセスを日記『臘扇記』に克明に記した。臘扇とは一二月の扇子という意味です。役立たず、無用者ということですね。清沢先生は、結核に罹って養子の身であってお寺の役にも立てないし、宗門の御用にも立てない。自分は無用者だということで臘扇という号を使う。しかし無用者としての自覚といっても、後ろ向きになるんじゃなくて寧ろ本当に臘扇という場所に立って積極的に生きていく。

そういう意味において、自分のいのちの中心、自分は何に依って生きていくのか、自分というものは一体何かということを求めていくわけですね。先生は、煩悶憂苦するなかで、自己を見失いそうになるわけですけれども、その自分を見失っている、役立たずの臘扇としてある我が身を自己としてどう回復していくか。そういう苦闘のドキュメントですね、『臘扇記』という日記は。そういう先生の自己回復の苦闘というものは、自己喪失に悩む近代人の苦悩というものをある意味において反映していると思います。

自己トハ何ソヤ　コレ人世ノ根本的問題ナリ　（『清沢全』第八巻、三六三頁。『清沢集』三六頁）

自己を求めることが人生で最も大切なことなんだと、日記のなかでいっています。またこの自己は絶対無限者である如来に帰依することによって初めて獲得されるものだということを記しております。その自己獲得の道を「修養」という言葉で表現するわけです。『臘扇記』のなかで「修養ノ方法如何　曰ク　須ク自己ヲ省察スベシ　自己ヲ省察シテ天道ヲ知見スベシ(5)」と、このようにいっております。この自己とは外物他人に対して自己というわけですね。その外物他人に振り回されて自己を見失っている。そこに自己存在の危機がある。そういう人間の危機を深刻化した要因のひとつは、西洋から流入した物質文明であり、あるいは競争争奪の論理である。そこに常に外物他人と比較して自己自身に安んずることのできない不安感が醸成されるわけです。清沢先生は外物他人に翻弄されている自分が天道、――天道という言葉は仏教の言葉ではないのかもしれませんが、先生は如来を天道という言葉で使っております――如来天道を知見し、そして自己を回復する道、それが修養ということです。

一般に修養というと修身養心ですね。身を修め、心を養うということです。道徳的な事柄です。明治には、この修養が社会の名士とか教育者によって盛んに鼓吹されたわけですけれども、しかし先生のいう修養は、それと異なるものです。どこまでも自己省察から始まっているわけですね。この自己省察という方法を『新仏教』に寄せた論説で内観主義と呼んでおります。幸いにして久木先生のレジメの最初のところに「内観主義」が出ておりますので、それを読ませていただきます。

主観と客観とあり、主観が客観を造るか、客観が主観を作るか、容易に得て説くべからず。然れとも、実際上に於ては、主観をして主たらしむるを得べく、客観をして主たらしむるを得べし。主観をして主たらしむるの実際主義を名けて内観主義と云ふなり。

（『清沢全』第六巻、二六六頁）

明治の哲学輸入期におきましては、主観とか客観とかいうことはまだ充分な検討がなされていなかったかと思われます。ただ主観をして主観たらしむるの実際主義というのは、要するに、主体主義であるということができるかと思います。そういう意味において、根源的な主体性を獲得する方法が〈内観主義〉であるということができるかと思います。

したがいまして、清沢先生のいう〈内観主義〉は、単に自己の内を省みることではありません。どこまでも自己を求める道としての内観です。結核に罹って度重なる喀血のなかに、死の不安に投げ出されたわけですけれども、そういう死に象徴されるような虚無というものを乗り越えることができるようないのちの中心、そういったものを先生は必要とした。そこに天道を仰ぐ。したがって内観思惟というのは必然的に、他力の信仰へと結びついていくわけです。内観思惟というものは、信仰への、いわば前段といいますか、方便に位置する。たとえば中国の善導大師が『観経玄義分』のなかで「思惟は正受の方便である」というふうにいっておられます。正受は、信心といってもいいかと思いますけれども、本当に自己がそこに安んずることができるという自己を本当に受け止めることができる。それが正受であろうかと思います。そういう正受のためにこの思惟というものがあるのだというふうにいわれます。そういう意味において、内観ということは、いわば正受の方便であるということでございます。

内観思惟などといいますと、いかにも真宗の信心から遠いように思われることですけれども、しかしこの「須ク自己ヲ省察スベシ　自己ヲ省察シテ天道ヲ知見スベシ」といいますときに、その交互媒介的な修養のありかたに、善導大師の所謂二種深信といいますか、〈機の深信〉、〈法の深信〉という二種深信をみることができるのではないかと思います。自己省察というのは〈機の深信〉を示し、天道知見というのは〈法の深信〉を示しておりましょう。

内観という言葉は、他のところでも清沢先生は用いられます。もともと根本仏教は内観道ということができます。「精神主義」が内観主義であるということは、いわば仏教の内観道の伝統を回復するものであったかと思います。「精神主義」の主張において、清沢先生は真宗の方でありながら、念仏ということをほとんど申しません。むしろ〈内観主義〉というものを掲げます。そのことからも「精神主義」は、主観とか禅観を第一義とする真宗以外の他宗派の人々にも共感をよぶわけです。ただ先生の〈内観主義〉は、とくにこの〈機の深信〉と連関しているということに注意を払わなければいけないかと思います。「精神主義〔明治三四年講話〕」〔第四回〕という論稿のなかでこういうふうにいっています。

而して内観を盛にして自己の立脚地を省察せば、我等の第一に感知する所は、自己の闇愚無能、所謂罪悪生死の凡夫であると云ふことであります、〔『清沢全』第六巻、二〇三頁〕

この内観省察について〈機の深信〉として伝えられる言葉で語っておられます。したがってこの内観というものは、正に自らの凡夫としての悲惨な姿を直視することでありまして、いわば「危機」としての自らの実相に目覚めることです。その危機の内観、ここにおいて大道に帰する、天道に帰依する、そして本来の自己を回復する。そういう意味におきましては〈内観〉とは非本来的な自己を本来の自己へ呼び返す跳躍台のようなものであったかと思います。その本来の自己に呼び返されることにおいて、人は独立自由の生き方を成就すると、こういうふうにいわれます。そういう新しい生き方について先生は『臘扇記』のなかで、

自己ニ充分シテ求メズ争ハズ　天下之ヨリ強勝ナルモノナシ之ヨリ広大ナルモノナシ

（『清沢全』第八巻、四二三頁。『清沢集』六〇頁）

というふうに記しております。いかにして自己を獲得されるかという、一つのいわば「実験」というものが、『臘扇記』のなかで展開されているわけであります。そういう自己獲得の道筋、自分が確信した自己獲得の道筋、これを「精神主義」の名のもとに『精神界』を舞台に披瀝することになるわけです。だから「精神主義」は方法としては自己内観的な方法をとりますけれども、それはけっして個人の埋没という逃避的な傾向とは反対に、自己の内に他者に向かう能動的な精神を含んでおります。「精神主義」におきましては、自己は孤立的な存在としてではなく、関係的な存在として認識されます。たとえばこのようにいっておられます。

自己を知ると云ふは、決して外物を離れたる自己を知ると云ふにあらず、常に外物と相関係して離れざる自己を知るを云ふなり、蓋し外物を離れたる自己は、是れ一個の妄想にして、全く

其実なきものなり
（「本位本分の自覚」『真の人』）、『清沢全』第六巻、三四二頁）

自己と他者というものを切り離して見るのではなく、自己を他者と密接するものとして見るわけです。親鸞聖人は自らを「いし・かわら・つぶてのごとくなるわれら」（『唯信鈔文意』）と捉えた。その〈我〉というものと〈我等〉というものを切り離さないで見ていくという視点、これが「外物を離れたる自己を知ると云ふにあらず」という言葉で表現されている。そういうことが「精神主義」でいわれる同朋主義とか公共主義というものを生み出してくるわけです。こういう関係的自己の自覚というものが内観の一つのまた大きな意味であったわけです。

三、回心・転機の教学

その内観を通して、主体的な自己を確立せよ、といったところに「精神主義」の一大特色があります。そのことは仏教の本来求めたところです。

と同時に注意されることは、自己が問題になるというのは、極めて近代的な事柄でもあるということです。近代という時代は自己というものが前面に出てくるようになった時代です。封建時代には滅私奉公という言葉で表現されているように、自己の滅却というものが求められます。「君に忠、親に孝」といわれるように、人生を自己そのもののために用いるということは許されなかったわけです。ところが明治に入りますと、人生というのは自己実現のために存在するという考え方が出てきます。たとえば立身出世とか成功という、そういう価値観が若者たちのなかに大きな関心を引きます。人生は、自己実現の場であるという考え方です。

そういう自己を支えたものが〈自我〉というものであり、明治維新、文明開化という時代の流れは、青年たちの〈自我〉を解放したわけですが、明治も中期に入ってきますと、その〈自我〉が行き場を失ってしまうという状況が生まれます。自我中心の立場というものは、己の尺度で宇宙の神秘を計るという行動に突き抜けていく場合があります。それが破れて、〈自我〉が行き場を失う。その象徴的な例として、さきほど申しました一九〇三年の藤村操の自殺を見ることができるかと思います。懐疑・煩悶ということは〈自我〉の行き詰まり状況を示していると思います。

明治中期には、そういう懐疑・煩悶状況と並行していろんなことが流行る。人々のなかで、たとえば「コックリさん」とか「千里眼」とか「催眠術」とか「心霊術」とかそういうのが流行るわけです。それはある意味において、心の解決を求める動きであったかと見ることもできるかと思います。たとえば催眠術を例にとりますと、ある人がこういうことをいっています。「「近代」の歪みにたえきれなくなってきた時に生じる、「変身」へのあくなき憧れ、それをいとも簡単に実現させてくれる[6]」と。そういうのが催眠術が当時もった意味であった、といわれます。この頃から明治の終わりにかけての新聞の広告記事をみていきますと、修養の本などと一緒に催眠術の本とか心霊術の本とかたくさん出ております。何か奇妙な印象を受けるのですけれども、当時の人々が出口を求めてそういうものに走っていったんじゃないかというふうに考えることもできるかと思います。

そういう状況が一つありますけれども、明治中期にみられる〈自我〉の行方の別な方向としては、さきほどいいましたように、人間の私人化というものを招く。そしてそこから公なるものを欠落させていくという状況を醸成した。そういうことがあります。そういう状況について、たとえば夏目漱石は「ふたりの人が途中で逢えばうぬ（汝）が人間なら、おれも人間だぞと心のなかで喧嘩を買ひながら行き違ふ」[7]と、『吾輩は猫である』のなかでいっています。道の途中で人と会った時にお互いに肩肘張ってお前が人間なら俺も人間だぞと喧嘩を買いながら行き違うんだと。そういうことを漱石はいっておりますけれども、〈自我〉というよろいを着た人間がお互いに衝突しあうということでございます。そういうように、明治という時代は中期に入りますと、さまざまな面で、〈自我〉が行き場を失ってしまいます。

そういう自我の行き詰まった状況を、ある人は「独我論的な状況だ」といわれます。ご承知のように独我論とは、いわば自分が独在するという主張です。西田幾多郎はこの問題に随分悩まれたようで、「個人あつて経験あるにあらず、経験あつて個人あるのである、個人的区別よりも経験が根本的であるという考から独我論を脱することができ」[8]たと『善の研究』の序文のところでいっております。そういう独我論的な状況というものが生まれてくる。これは清沢先生の言葉でいえば、「自我独尊の妄見」に囚われて本来の自己を見失ってしまったという状況です。まさに人間存在の危機の状況が露出していた。

そういう時代の流れに対して仏教界がどう反応したかというと、青年の煩悶を理解してこれに対応する方途というものを示すことができなかった。むしろ日清戦争以来のナショナリズムの興隆に歩調を合わせて、人間よりも国家に関心を示している。真宗もこれと同じように、真俗二諦論をもって国家の帝国主義的な生き方を翼賛するという方向性のなかにありました。確かに宗門の学事を代表する安居は毎年開講されておりましたし、出版物も出回っていたのですけれども、しかし封建時代からの学問形態をひきずって、宗派意識のなかに閉塞していた。そういう宗派主義ともいうべき封建的な体質を保ったまま、自由討究を阻害するような権威主義も一方ではまかり通っている。そういうことがあったわけです。その意味で、真宗の教学について少し触れますと、時機相応の教学ということがいわれますけれども、当時の真宗教学は〈時〉にも〈機〉つまり人間にも光を当てなかった。

そういうなかで清沢先生が一九〇一年の一月に浩々洞を拠点として雑誌『精神界』を発行します。これについては、それに遡ること六年前の一八九六（明治二九）年頃、つまり宗門改革を進めていた頃に発行した機関誌『教界時言』が注意されます。この『教界時言』の〈時言〉ということですね、そういう時というものに対して清沢先生は非常に敏感であったわけです。『教界時言』は三年足らずで廃刊しまして、これがやがて『精神界』に継承されていく。『精神界』という雑誌は時代に非常に敏感に反応しております。

たとえば雑誌の言葉には、日常語を用いる。真宗に特有なイディオムの使用を極力さける。そして明治の日常語を用いて真宗を表現しようとする。これは蓮如上人の所謂、俗文主義をうけるものです。平易な言葉で語るということは、蓮如上人が『御文』で実践されたことでございます。福沢諭吉も蓮如上人の俗文主義の影響をうけて、平易な当時の民間の言葉で語ったといわれます。この俗文主義を「精神主義」、『精神界』は採用しております。そういう意味において、明治中期において『精神界』は、内村鑑三の『独立雑誌』と並んで宗教界の中枢的な意義を担うことになったことでございます。

「精神主義」は、繰り返して申しますと方法としては内観主義です。内観主義というのは当時でもあまり理解されなかったようで、たとえば加藤玄智という人は「外界客観の存在を独り主観精神の中にのみ没入し去らんとする「精神主義」(若くは内観主義)を排斥するものなり(9)」と、一九〇一年の三月『新仏教』で内観主義を批判しております。内観主義というのは、主体獲得の方法なんですね。内観主義は人間の心の在り方そのものを宗教的信仰によって転換してそこに独立自在の生き方を獲得しようという主張です。だから先生は「精神主義(明治三四年講話)」(第二回)において、

我心機だに開展すれば如何なる事に対しても決して怒ることなく常に喜び得るものであると云ふが精神主義の主張であります、ゆゑに外界の事情に対して苦しんだり他人の行為に対して怒りたりするのは、我心機の開展せざるによることゆゑ、こゝによりて外他の事行を非難すべきではありませぬ、若し外他の事行にして我意を苦しむる様な場合には、須らく反観内省して自家の心機を開展すべしと勧むるが、精神主義の指導するところであります、

(『清沢全』第六巻、二九八頁)

と、いっています。「心機の開展」であると。外物他人に振り回されている自分が、内観を通して本来の自己に目覚め、それによって自己そのものに安住していく。そういう道が内観なのであると。心機を開展するのであると。「心機の開展」という言葉は他のところでは、「心機の転回」という語で表現されています。(10)

要するに、この心機というものを回転する。それはさきほどの言葉でいえば、外物他人に振り回されている非主体的な自己が信仰によって本来の自己へと転回することです。そういう意味においては、親鸞聖人の言葉に返せば、邪定、不定の機としてあるものが正定聚の機へと転換する、そういう機が転ぜられていくのだということになります。つまりそういう道筋が「精神主義」であると。そういう「心機の転回」ということを『精神界』を通して、清沢先生はいわれるわけです。

そういうことで、懐疑・煩悶の状況が一方にあるわけですけれども、先生は、「精神主義」をもって応答しようとする。そこには人間の危機の相というものを見つめる眼差しがあったわけです。それは今申しましたように、ただ見つめるということに終わるのではない。煩悶する心機を転ずる。煩悶というのは、外物他人に振り回されるから煩悶するのであるということですね。煩悶する心機を転じて、宗教的信仰によって本位本分の自己の場所に返そうと。そのために努める。そういうように、清沢先生は、心機を転じて安住せしめるべき道筋というものをさまざまな文章表現をもって人々に伝えようとした。「精神主義」は、そういう意味においては、時機相応の教学であったといえると思いますし、また本来の自己へと心機を転じようとする、いわば転機の教学です。危機としてある自己を転ずる、機を転ずる教学である。そういう意味をもったのではないか。こういうことを申しますと誤解されるかもしれませんけれども、機を転ずるそういう心機回転の教学。ということは、別の言葉でいえば「回心・転機の教学」であると。そういう意義をもったのではないか。そのように思うことでございます。

時間がきたようでございますので、私のお話はここまでにさせていただきます。

註

(1)「精神主義と物質的文明」、『精神界』一九〇一年五月、『清沢全』第六巻、四二頁。『清沢集』九六頁。
(2)『清沢全』第七巻、三〇五頁。
(3)『清沢全』第六巻、三二八頁。
(4)「心霊の修養」[六]、『清沢全』第七巻、二一五頁。
(5)『清沢全』第八巻、四二三頁。
(6) 一柳廣孝『〈こっくりさん〉と〈千里眼〉――日本近代と心霊学』講談社、一九九四年、八七頁。
(7)『定本　漱石全集』第一巻、岩波書店、五四六頁。
(8)『西田幾多郎全集』第一巻、岩波書店、二〇〇三年、六～七頁。
(9)『『新仏教』論説集』上、永田文昌堂、一九七八年、二四八頁。
(10)「心機の発展」、『精神界』一九〇一年九月、『清沢全』第六巻、六三頁。

個立と協同――石水期・清沢満之を手がかりとして

大谷大学真宗学会より二〇〇四年に発行された『親鸞教学』第八二・八三号「清沢満之没後一〇〇年特集2」に収録の講演録。同会の二〇〇二年度大会において講演されたもの。

はじめに

日本の近代において、〈自立と共同〉は、大きな課題であったといわれます。ある日本思想史の研究者は、明治・大正・昭和と続く日本の近代における思想史の流れを振り返って、明治を自我覚醒期、大正・昭和を共同性の発見の時期とみております。(1)(2) これによれば、明治期における思想的課題は、自我確立の問題であったが、大正・昭和期の日本人において、それは、共同性の創造の問題に移行したというのです。恐らく思想史の上では、日本人の課題にはこのような変遷、あるいは変容が見られるのだろうと思います。

ただ、思想史の上で、そのようなアクセントの違いがあるということは、現代に生きている私たちにその問題がすでに解決ずみだということではありません。〈自立と共同〉ということは、いつの時代でも課題的な事柄です。

今年（二〇〇二年）は、清沢満之先生の一〇〇回忌にあたる年ですが、清沢先生においても〈自立と共同〉ということは、大きな課題でした。先生はそれを仏教・真宗に学び、明らかにしていきました。清沢先生がこれについて明らかにされたことは、仏教・真宗に学んでいる私たちにとって、大変に意味深い示唆を与えてくれるものと思います。

そこで今回の真宗学会大会では、「個立と協同」という奇妙なタイトルを出しました。この発表のキーワードである「個立」と「協同」について、まずはじめに若干の説明をしておきたいと思います。「個立」という語は、辞書にも見出せない、こなれない言葉ですが、「個立」は、自律と自立を含みながら、それよりも強い概念で、自己の個として存立、また同時にそれを基点として、他にも働きかけるような宗教的な生き方を意味します。つまり信仰による、〈真実の個としての独立〉というような意味合いで、私は、この語を用いたいと思います。たとえば、清沢先生に、

真個の独立を為すには、此等の依頼を悉皆解脱せねばならぬ、父母に依頼して居たるとき、父母の擁護は有難く感じ居たるも、而も依頼丈は早く脱せねばならぬと念して居たことである。其と同様に、今真個の独立を希望する以上は、現在四方八面の恩恵は有難く感ずるも、其に対する依頼心は早く之を脱却する様努力せねばならぬ。（中略）我々は益此精神を策励して、真個

独立の位地に達することを勉めねばならぬ。

（「真正の独立」、『精神界』一九〇一年一〇月、『清沢全』第六巻、七一～七二頁）

という一文がございます。この場合、「真個の」という言葉の意味は、恐らくこの一文の標題となっている「真正の」というニュアンスで用いられているのでしょうが、私自身は、「真個」という語を〈真実の個〉という意味合いで了解したいのです。

一方、「協同」という語は、一般には、「①一致する。②多くの人・団体が、力をあわせて、一緒に物事をする」（『新漢和辞典』大修館書店）などの意味内容をもっています。清沢先生は、たとえば『精神界』に執筆した「精神主義と共同作用」という一文において、「精神主義」がどのようにその共同性を創造していくかについて述べています。一般に「共同」は、他者との結合関係を示しますが、清沢先生が「共同作用」といった場合、この作用という語は、活動を同時に表し、そこには、自主的・自発的に他者との関係を互助的・互恵的なものとして創造するという積極的な意味合いがあるように思われます。その場合、単に「共同」よりも「協同」という語を用いたほうが、その積極性が出てくるように思います。たとえばこの論文に、

社会同胞に交際して、共同の事に従ふに於て、決して躕躇逡巡することを要とするものにはあらさるなり。

（「精神主義と共同作用」、『精神界』一九〇二年二月、『清沢全』第六巻、九七頁。『清沢集』一三〇頁）

という一節がございます。この場合、共同は、力を合わせるということで「協同」の意を含みます。

そういう含意から、私は、共同作用を「協同」と表したいのです。清沢先生自身も、「和衷協同」（『清沢全』第六巻、二八五頁）といわれる場合があります。

申すまでもなく、その原理の拠ってきたるところは、「主伴互具」「万物相関」あるいは「有機組織」の語で語られる仏教の縁起論です。その「主伴互具」の思想の端的な表明は、早く『宗教哲学骸骨』に示されています。

宇宙間各一の有限が主公となるときは他の一切有限は之が伴属となりて互に相具足するものなり　故に一対の主伴を挙れば常に無限の全体を尽すものなり

（『宗教哲学骸骨』第二章「有限無限」、『清沢全』第一巻、一〇頁）

この概念は、縁起論をベースとして、かなり早くから抱かれ、一貫して保持されたものですが、事物の存在が、あるときは主となり、あるときは伴となって、無限に連関するという真理を表明するものです。したがって、「協同」という概念を清沢先生に即していうと、「主伴互具」ということになると思います。

今回は、〈清沢思想における「個立と協同」の概念〉について、このような視点からたずねてみたいと思います。このテーマは、すでにこれまで先学によって深く追究されてきた事柄で、私の発表には、内容的には何も目新しいことはないことを、あらかじめお断りしておきます。

ご承知のように、岩波書店から今秋より、没後一〇〇周年記念として『清沢満之全集』全九巻が刊行されますが、私は、たまたま全集第二巻「他力門哲学」の編集に関わらせていただきました。

第二巻に収録された論稿の多くは、清沢先生の初期思想を扱っています。それらのいくつかの論文を拝読しながら、私は、『宗教哲学骸骨』からの展開ということを考えさせられました。

そこで、本日の発表では、この「個立と協同」というテーマについて、先生の所謂「石水期」の論稿を手がかりとしてたずねてみたいと思います。

一、石水期について

1. 石水期の概観

西村見暁氏は、その著『清沢満之先生』（法藏館、一九五一年）の冒頭で、清沢先生の生涯を、その雅号に基づいて、（1）建峰、（2）骸骨、（3）石水、（4）臘扇上、（5）臘扇下、（6）浜風の六期に分けて、その歩みを概観しています。清沢先生の生涯の区分については、いくつかの見方があります。たとえば、1．大きく哲学期と宗教期とに二分してみる見方、2．前期（思想期）・中間期・後期（宗教期）と三分する見方、あるいは、3．育英教校期、東京留学期、実験期、改革運動期、浩々洞期と五分する見方などさまざまです。今は、西村氏の見方に従いたいと思います。これによれば、石水期は、一八九四（明治二七）年から一八九八（明治三一）年までの五年間です。

一八九四年四月、清沢先生は厳しい禁欲持戒の実験の結果、体調を崩し、結核と診断され、教職を辞します。六月、友人たちの勧めを受け入れて、垂水に転地療養します。これに先立ち、先生は、京都で大谷中学の学制改革に献身し、いよいよ新しい学事体制が発足しましたが、これが中学校の同盟休校により頓挫します。垂水でこの報を聞いた先生は、一八九五（明治二八）年七月、憤然たる思いのなかで、療養を切り上げて帰洛し、寺務改正の建言書を宗門に提出し、宗務の根本方針を教学に置くべきことを申し入れます。一八九六（明治二九）年一〇月、洛東白川村に籠居、同志とともに『教界時言』を発刊、宗門改革を呼びかけます。翌年二月、大谷派事務革新全国同盟会を結成して、請願書を提出。運動の主唱者として除名処分を受けます。一一月、同盟会を解散。この頃より『阿含経』に親しみます。一八九八（明治三一）年三月、『教界時言』を廃刊。除名処分を解かれます。五月、家族とともに三河大浜の自坊である西方寺に帰ります。

以上、大略的にその五年間の行跡を振り返ってみましたが、このような先生における内外の激動期が石水期です。石水の名称は、『病床左録』に「石水生」と記されていることによっています。「岩間をつとう苔水の自然にその情をたくされたもの」といわれます。(3)

2. 石水期の著述

石水期の主要な著述を挙げれば次のようです。

一八九四年（明治二七）三二歳　『病床左録』
『保養雑記』
一八九五年（明治二八）三三歳　『在床懺悔録』

一八九六年（明治二九）三四歳　『他力門哲学骸骨試稿』
一八九七年（明治三〇）三五歳　『教界時言』諸篇
一八九八年（明治三一）三六歳　『教界時言』諸篇
『病床雑誌』

この他にも雑誌などに執筆したいくつかの論稿が、この期間にあります。岩波書店発行の『清沢満之全集』では、『病床左録』『保養雑記』『病床雑誌』などの日記類は、第八巻「信念の歩み」のなかに収録されます。『在床懺悔録』『他力門哲学骸骨試稿』という思索的な論稿は、第二巻「他力門哲学」のなかに収録されます。

3. 石水期への視点

清沢満之にとって、石水期はどのような意義をもっていたのでしょうか。これについて、まず参照されなければならないのは、一九〇二年五月末の日記に記された「往事回想」の文です。その一節に、つぎのようにあります。

明治廿七八年の養痾に、人生に関する思想を一変し略ぼ自力の迷情を翻転し得たりと雖ども、人事の興廃は、尚ほ心頭を動かして止まず。乃ち廿八九年に於ける我宗門時事は終に廿九卅年に及べる教界運動を惹起せしめたり。

而して卅年末より、卅一年始に亘りて、四阿含等を読誦し卅一年四月、教界時言の廃刊と共に此運動を一結し、自坊に投じて休養の機会を得るに至りては大に反観自省の幸を得たりと雖ども、修養の不足は尚ほ人情の煩累に対して平然たる能はざるものあり。

（『当用日記』、『清沢全』第八巻、四四一頁。『清沢集』二四七～二四八頁）

ここに石水期が三つの大きな意義をもっていることが窺われます。すなわち、

（1）「自力の迷情の翻転」…信仰上の転換、つまり回心

（2）「教界運動の惹起」…宗門改革運動

（3）「阿含経の読誦」…反観自省、そして修養

（1）と（3）は、〈個の確立〉の問題に関わり、（2）は、〈協同への展開〉の問題に関わります。〈個の確立〉と〈協同への展開〉問題は、清沢先生においては、原理的には、いずれもその無限観と重なります。ご承知のように、先生は、有限無限論を基軸として、自らの思索を展開しました。そして有限無限論それ自体は、清沢先生個人の問題にとどまらず、広く現代にも通ずる問題です。現代哲学者のレヴィナスは、

現代哲学のひとつの潮流は、無限の観念の宗教的伝統のなかに全面的に位置づけられる。

（エマニュエル・レヴィナス『他性と超越』法政大学出版局、二〇〇一年、八五頁）

といっています。したがって、無限について考えることは、現代の哲学にも連なる大きなテーマです。本来は現代哲学の無限観も視野に入れることが望ましいのですが、いまの私にはそこまで目を

配ることはできません。今後これらの事柄についても学んでいきたいと思います。

それはともかく、この石水期における二つの課題について、今回の発表では〈無限と個立〉、〈無限と協同〉という視点から、『在床懺悔録』『他力門哲学骸骨試稿』という石水期の論稿を通して窺ってみたいと思います。

二、『在床懺悔録』

1. 本書のアウトライン

最初に『在床懺悔録』を窺いたいと思います。このタイトルですが、「在床」とは、申すまでもなく、結核で病床にあることを示します。つぎに「懺悔」という語ですが、この頃先生は、「愚蒙の改悔それ此の如し。穴賢々々」(『清沢全』第八巻、一三七頁)といい、父への不孝を詫び、家族に短い遺言を記しています。「懺悔」とは、その心情を語っているものといってよいでしょう。と同時に、真宗で懺悔とは、回心懺悔の意義を含んでいるので、宗教的回心をも意味して、この語が用いられているとも考えられます。

本論稿において、先生は、真宗教学の研究を行い、二三の項目について考察します。病気療養中の先生はなぜこと改めて教学研究を行ったのでしょうか。宗門が新しい時代を迎えて、いよいよ内外に向かってその存在意義を社会に公開しなければならないというとき、先生が期待したことは、

教学の振起でした。先生は、一八九二（明治二五）年一〇月四日の手紙（清沢厳照宛）のなかで、

教学は一宗の生命に有之候ゆゑ、一日も忽にすべからざるは勿論に存居候処、今日の有様本山に於いては再建負債の二大件の為、教学に充分の基礎を置く暇無之は如何にも慨嘆の至りに候（『清沢全』第九巻、四七〜四八頁）

といっています。本論稿は、宗門の現状に、このような危惧の念を抱いた時期の病気療養中に、真宗教学の本義を自ら確認するために執筆されたものです。

この『在床懺悔録』は、全体として『宗教哲学骸骨』の有限無限を基想としながらも、ほぼ伝統的な了解に則って論じています。その構成は、［一］から［六］までが「仏陀」（阿弥陀仏と本願）、［七］から［九］までが「教」、［一〇］から［一六］までが「行」、［一七］から［二二］までが「信」、［二三］が「証」であって、『教行信証』の四法に従って真宗の綱格を明らかにしています。ただし先生が扱ったのは「証」の途中までで、『教行信証』が取り上げる回向（往相・還相）、浄土（真仏土・化身土）の問題には触れていません。

本論稿では、獲信における、救済の現在性がひとつの問題となっており、最後［二三］に「已下削」として親鸞の現生正定聚の思想を解釈していることが注意されます。

2. 無限と個立

清沢先生は、厳しい行者生活の結果、結核を病む身になったのですが、この厳しい行者生活の実

践へと先生を駆り立てたものは、一言にしていえば、仏弟子としての責任感です。このように真の仏弟子たらんとする心を、仏教では菩提心と呼ぶのですが、先生のミニマム・ポッシブルの実験は、その菩提心に徹底せんと努める血みどろの闘いでした。先生の「個」は、最初、この菩提心を根基に形成されていったといっていいでしょう。しかし、それが一途な責任感に基づいている以上、倫理的「個」の追求という側面を払拭できなかったのではないでしょうか。

私たちは、『宗教哲学骸骨』を読んでいると、先生の宗教観は、理論的にはほとんど完成しているように見えます。清沢先生の思考の枠組みは、その後も変わっていないという印象を受けます。しかし先生は、それにもかかわらず、さきほどの『当用日記』の「往事回想」の文のなかで、「自力の迷情を翻転し」といっています。それは、宗教への関心が理論的関心から救済論的関心へ移行したことを物語っています。先生が自らについて、有限な存在であり、その有限者たる我が「個」として存立するには、無限に媒介されねばならないという痛切な自覚をもたれたのは、結核発病という事態を経たことが大きいと思います。「自力の迷情を翻転し」とは、いわば理性によって立った「個」が、本当に他力の信心によって立った「個」（宗教的「個」）へと転回したことを意味しています。清沢先生が宗教一般の立場からではなく、真宗教学に基づいて、すなわち自らを真宗に引き寄せて、『在床懺悔録』を記していることは、その事実を反照しています。先生の教学への関心は、宗門の現状への危惧とともに、先生自身の主体的要求がしからしめたものと思われます。

先生の生涯一貫した宗教定義は、〈宗教は有限と無限の一致である〉ということですが、この定義は、すでに早くから表明されています。『宗教哲学骸骨』は、その根本基想に立って宗教を理論的に解明したものです。

無限は、それ自体としては、私たちの観念を超えた絶対性を保持しています。しかしそうであるかぎり、相対的世界に住んでいる私たちは、無限に接することはできません。ここにおいて先生は、『宗教哲学骸骨』の論点をさらに進めて、『在床懺悔録』の冒頭で、無限と有限を媒介する有相の阿弥陀仏の意義について述べております。

仏陀（特ニ阿弥陀仏）ハ其本体固ヨリ絶対ナリト雖トモ其衆生ニ対スル場合或ハ現ニ衆生界（相対界）ニ化現セル場合ニ於テハ亦相対界ノ理法ニ順従セサルヲ得ス　久遠実成ノ阿弥陀仏モ衆生済度ノ為ニハ相対因果法ニ依ラサル能ハス（中略）是レ仏教ニ於テ報身仏ノ重切ナル所以ナリ　是レ真宗ニ於テ久遠十劫両仏中特ニ十劫正覚ニ就テ済度ノ教アル所以ナリ（久遠仏ハ絶対仏、十劫仏ハ相対仏也）（『在床懺悔録』［二］、『清沢全』第二巻、三頁）

清沢先生は、自らの意識の底に無限の観念を入れなくてはだめだと考えましたが、その場合、無限は抽象的無限、理念的無限であっては具体性をもちません。『在床懺悔録』が、このように仏陀論から始まっていることは、先生における無限論の新しい展開を示しています。

3．無限と協同

つぎに『在床懺悔録』において、協同性という問題がどのように取り上げられているかという事柄に入ってみたいと思います。今日のお話の最初に申し上げましたように、私は、清沢先生の協同性の理念を「主伴互具」の概念を通して窺いたいと思います。その主伴互具の概念は、先生において、おそらく華厳教学の「主伴具足」の思想に導かれて受け止められていったものと思われます。主伴互具は、一切の存在が重々無尽の無限に拡がるネットワークのなかにあるという、存在の理法を示す教説です。つまり諸法が相即相入して成り立っている縁起の世界において、私たちは、重々無尽の関係のなかを生きているということであり、その真理は、私たちが、本来体得すべき智慧であると説かれます。

しかしながら、我他彼此の差別的な観念に囚われている私たち凡夫は、日常性に没入して、個々の主観に閉じ籠り、そのような世界の真理性を把握できません。これについて、先生は、

有限個立的ノ宿習ハ尚其習慣惰勢ヲ奮テ常ニ此主伴互具ノ関係ヲ壅蔽セントシツ、アルヲ免レサルナリ
（『在床懺悔録』［一五］、『清沢全』第二巻、一一頁）

と指摘しています。人間は、本来、主伴互具の有機体的な世界に生きているのですが、自らの過去の習性によって、自他差別の観念から脱け出すことができません。そのような凡夫の生き様を、清沢先生は、「有限個立的」と表現しています。有限個立とは、分断的孤立ということで、さきほど私が意味規定したような「真個独立」ということではありません。

それでは、凡夫はどのようにして主伴互具の真理を体得するのでしょうか。清沢先生は、有限者たる私たちが、一念発起して主体的に無限に対する関係を覚知するとき、人間は主伴互具の生き方

を回復するといいます。

有限ガ一旦無限ニ対スル関係ヲ認得スルヤ翻テ前ノ有限箇立ノ思念ニ返ル能ハズ　主伴互具ノ関係ハ湛然トシテ不動ナル　是レ所謂不退転ノ義相ナリ

（『在床懺悔録』〔一三〕、『清沢全』第二巻、一四頁）

ここで先生は、主伴互具の精神を生きる道を真宗の教学の上で確認し、真宗の念仏行者が、無限の観念を受け入れるとき、正定聚不退転の位に入るといいます。そしてこのように生きる人を、浄土をこの現実の娑婆世界で生きる「穢土の仮名人」であるとしています。この語は、もともと『浄土論註』（『真宗聖典』一六九頁）に「浄土の仮名人」と対置して用いられる言葉で、ここで先生は、正定聚不退転の人を指してそう呼んでいます。「穢土の仮名人」とは、いわば無限と有限の境界線の上に立在する宗教的「個」であるといえます。

三、『他力門哲学骸骨試稿』

1.　本書のアウトライン

『在床懺悔録』は大体一八九五（明治二八）年一月に書き上がりました。二月の初めから三月にかけて、先生は、垂水洞養寺で『他力門哲学骸骨試稿』に筆を染めます。これは、題名の「試稿」というただし書きが示しているように、『在床懺悔録』と同様、生前に未発表の論稿です。大体一日一項ずつ記して四五項目にわたっていますが、三月一杯で書き終わっています。この論稿は、『宗教哲学骸骨』を踏まえつつ、『在床懺悔録』で追究された他力門仏教を『浄土論』『論註』『大乗起信論』等を背景にして、さらに哲学的に解明しようとするものです。これは、基本的な内容面では、さきの『宗教哲学骸骨』の基本的な構想をベースにして、他力門仏教(浄土真宗)の問題構成を究明しようとするものです。今村仁司氏は、この二つの著述を「同一の構想の下にある双子著作」と指摘されています。(4)

この『他力門哲学骸骨試稿』の構成は、[一]は「総説」で、[二]から[一一]までが「有限無限論」、[一二]から[一六]までが「心霊論」、[一七]から[二〇]までが「神仏論」、[二一]から[二九]までが「仏徳論」、[三〇]から[三四]までが「浄土論」、[三五]から[四五]までが「転迷開悟論」と、ひとまず整理することができましょう。

2. 無限と個立

この『他力門哲学骸骨試稿』は、そのタイトルが示すように、他力門の立場を哲学的に究明しようとするものです。ここでもやはり有限無限論が根本基想となっていますが、本稿には、三年前の『宗教哲学骸骨』から新たな展開がみられます。それについて一、二ここで触れてみたいと思います。まず清沢先生は、この稿の冒頭において、宗教は安心立命のために「必須不可欠の要法」であるとしています。ここには、宗教の一般的な定義とは違って、結核を宣告され、死を身近なものと感じている先生の切実な救済への要求が窺われます。安心立命とは、清沢先生のいわゆる「真個の独立」、今回の発表の文脈でいえば「個立」ということができます。その安心立命の根拠として、先生は、これまでの観点を基として、「安心立命は無限の境遇に対して精神を適合するにある」と示されます。安心立命のためには有限である者が無限と一致することが必要であると説かれます。

この有限と無限との一致について、さきの『宗教哲学骸骨』では、有限と無限とは異体ではなく、同体であるとして、「二項同体」という独自の術語を用いて表現しました。しかし『他力門哲学骸骨試稿』では、この論に「根本の撞着」があるとし、さらに「有限の外に無限あり」という一節を設け、絶対無限と相対有限は同一体でありながら、有限の側からは無限はどこまでも別体たらざるをえないと述べています。ここに先生の有限無限論のひとつの展開がみられます。なぜ清沢先生にこのような了解の展開が生じたのか。『宗教哲学骸骨』の「二項同体」説の捉え方にどのような難点があったのか。これについて、藤田正勝氏は、「この捉え方はそれ自身のうちに一つの問題をはらんでいる。つまり、有限をそのままの形で肯定する可能性、換言すれば、有限の絶対化の可能性がそこには存在している」(5)と鋭く洞察されています。

ご承知のように、真宗教学者の金子大榮師は、

満之先生は宗教とは有限と無限との対応であると道破せられた。有限より見れば無限は有限の外にあり、無限より見れば有限は無限の内にある。(6)

と教示されています。この言葉は、私たちに親しいものですが、この言葉の背景に『他力門哲学骸

骨試稿』の有限無限論があったことを改めて思います。

『他力門哲学骸骨試稿』の有限無限論でもうひとつ注意されることは、その無限が、他力門の立場から、衆生を導く手立てを含んでいると捉えられていることです。そのはたらきが「方便」であるとされます。

方便ハ無限ノ真相ヨリ出テ、有限ノ当相ヲ完収セサル可カラサルナリ　乃チ無限ヨリ出テ、有限ニ接シ有限ヲ転シテ無限ナラシメサルヘカラサルナリ

（『他力門哲学骸骨試稿』［二六］、『清沢全』第二巻、六九〜七〇頁）

したがって無限とはいっても、それは、衆生の世界に内在化された無限です。清沢先生は、このような無限を「相対無限」と呼んで、「絶対無限」と区別しています。

絶対無限ハ凝然真如ナリ　相対無限ハ随縁真如ナリ　（中略）衆生済度ハ随縁真如ニ仍ラサル可カラサルナリ　（中略）吾人各個ガ其涅槃ノ彼岸ニ到達スルハ是レ随縁万法還元ノ一部分ナリ万法悉ク還元シ了テ茲ニ随縁真如ノ流転門ガ其還滅門ヲ全ウスル得ルモノナリ

（『他力門哲学骸骨試稿』［二八］、『清沢全』第二巻、七四〜七五頁）

相対無限ということは、言葉としては自己矛盾的でありましょう。なぜなら相対的とは、非絶対的なもの、有限的なものだからです。しかし私たちが、もし「無限」といった場合、その無限は言語化された無限であって、無限それ自体ではありません。言語化とは、有限化に他なりません。しかし有限な衆生に無限の本質を示すためには、有限な言葉をもって表現しなければなりません。大

乗仏教の伝統で、二種法身説や真俗二諦説が展開されたのも、この難関を超えるためであったでしょう。

ここで清沢先生は、無限の絶対面と相対面を、『大乗起信論』の真如縁起の教学を手がかりにして了解しておられます。無限をこのように、絶対平等門と相対差別門の二面から見ていくことは大変にユニークな視点です。このような見方が西洋哲学の伝統に見出されることなのかどうか不明ですが、先生は、『大乗起信論』の教説に着眼して、独自の無限観を追究し、人間が「真個の独立」を獲得するために必要不可欠な無限の具体相を示しています。

3. 無限と協同

つぎに『他力門哲学骸骨試稿』において、協同性という問題がどのように取り上げられているかという事柄に触れてみたいと思います。これもさきの『在床懺悔録』の場合と同じように、「主伴互具」の概念を通して窺う必要がありますが、それが主題的に扱われることはありません。ただ、〔三〇〕「願行成就」（無限の因果）から〔三四〕「有限の信心」（花開蓮現）で探究される浄土観において、主伴互具の実相が具体的に述べられています。この浄土については、すでに先生は、『宗教哲学骸骨』第六章「安心修徳」において、「無限の妙境界」あるいは「無限界」という言葉で表現しました。また『在床懺悔録』では、浄土にまで言い及ぶことはありませんでした。しかしこの『他力門哲学骸骨試稿』において、清沢先生は、とくに世親の『浄土論』（無量寿経優婆提舎願生偈）に示唆を受けながら、浄土の具体相をたずねています。その『浄土論』によれば、浄土という世界は、衆生世間と器世間より成り、衆生世間は主尊と伴属、器世間は国土によって、それぞれ象《かたど》られているとされます。これを三種荘厳といいます。

この三種荘厳の浄土観を清沢先生は受け止めています。その三種荘厳の浄土の世界について、先生はさまざまにたずねています。浄土は、それぞれ本願によって、自利・利他・共利の徳が円満した、すなわち、主・伴・国土が有機的関係を結び、円満成就した世界であるといいます。浄土が主・伴・国土から成り立つということは、そこに暮らす住民とそれを取り巻く環境とから成り立つ具体的世界であることを意味します。その意味では、浄土は協同体です。同時に、浄土は無限界でありますから、それは、〈無限協同体〉ということができます。

しかも清沢先生によれば、浄土は、私たちが住んでいるこの有限・差別の世界と隔絶したものではない、といわれます。

三種ノ荘厳ハ是レ万有ノ成立上ニ必然ナルモノナリトス　其所由如何ト云フニ抑万有ハ是レ有機的組織ニ存立スルモノニシテ其状様之ヲ主伴互具ノ関係ト云フ

（『他力門哲学骸骨試稿』［三二］、『清沢全』第二巻、八一頁）

浄土の三種の荘厳は、万有すなわち「あらゆるもの」の成立のために必然すなわち「必ず然るべきこと」であるといいます。すなわち、浄土は、万有の存在の根柢にある理法です。しかし有限者である私たちは、その理法に気がつくことなく、迷いの世界に生きています。その意味で、浄土は、この迷界に住む有限者から見れば有限者の外にありますが、無限者から見れば、有限者を内に包んでいます。浄土は有限的世界に接触しつつ、有限者に対応します。すなわち浄土は、有限者に開示された無限の世界です。このように見れば、『他力門哲学骸骨試稿』は、主伴互具の論理の具体性を、〈無限協同体〉である浄土の三種荘厳の上に確かめたといってよいでしょう。

おわりに

以上、今回の発表では、清沢先生の石水期の作である『在床懺悔録』と『他力門哲学骸骨試稿』を手がかりに、「個立と協同」という問題にアプローチしてみました。この石水期の出発点に、自らの発病という重い出来事がありました。したがってこの二つの著述は、病床のなかでの切実な宗教的探究を記録しているということができます。

清沢先生は、宗教が〈有限と無限の一致〉であると、すでに早く述べています。その基本的了解は終生変わることがありませんでした。しかし石水期において、宗教への関心は、理論的関心から救済論的関心へ、あるいは本質論的関心から実存論的関心へと曲線を描いて移ってゆきます。『在床懺悔録』と『他力門哲学骸骨試稿』において、先生は、自ら真宗の仏教者であるという自覚に立って、これまでの宗教理解を真宗の文脈のなかで再確認しています。たとえば、無限の具体性を、阿弥陀仏の上に、あるいは浄土の上に確かめています。

人間がいかにして個として自立し、またいかにして他者と協同してゆくか、ということは、誰にとっても大きな課題ですが、石水期の先生は、「個立と協同」の原理を真宗の教学にたずね、阿弥陀仏と浄土が私たちにもつ意味を改めて掘り起こしました。すなわち人間個立の根拠が阿弥陀仏に、また人間協同の根拠が浄土にあることを確認しました。しかしその具体性は、さらに確かめられていく必要がありました。〈個立〉の問題については、石水期後半から『阿含経』の釈尊伝に親しみ、やがて『エピクテタス語録』を座右に置いたということに注意する必要があるでしょう。それは、個として自立した人間像をさらに具体的に求めたということを意味していると思われます。〈協同〉の問題については、石水期後半から宗門改革運動に挺身していったということに注意する必要があるでしょう。それは、主伴互具の協同の論理を現実世界の上に確かめ、浄土の協同体を教団の上に映そうとしたことを意味していると思われます。

いずれにしても石水期は、清沢満之先生の生涯において、浄土の真宗を確かめた大切な時期であったと申すことができます。

註

（1）「日本の近代思想を評価する重要なメルクマールとして、近代的自我の「解放」あるいは「覚醒」ということがある。（中略）明治維新以後、西洋文明を受容した時点で、日本人は、その世界観的基礎である認識論的自我に遭遇したはずである。それは、形としては必ずしも現われなかったが、西洋文明の基底にあるものとして、確実に人々の精神に浸透していった」（渡辺和靖『明治思想史――儒教的伝統と近代認識論』ぺりかん社、一九七八年、四一～四三頁）。

（2）「大正昭和思想史の課題は、もはや「自我」の確立にはない。「自立」した主体が、いかにして「他者」を発見するか、そして、いかにして新しい「共同」性を創造するかにこそ、この時期の思想的課題は存したのである」（渡辺和靖『自立と共同――大正・昭和の思想の流れ』ぺりかん社、一九八七年、一九頁）。

（3）西村見暁『清沢満之先生』法藏館、一九五一年、五頁。

（4）今村仁司「解題」、『現代語訳　清沢満之語録』岩波書店、二〇〇一年、四五六頁。

（5）藤田正勝「清沢満之と西田幾多郎」、『清沢満之――その人と思想』法藏館、二〇〇二年、一二五頁。

（6）金子大榮「光輪鈔」、『親鸞教学』第二九号、一九七六年、二頁。

近代と真宗――宗教的「個」の系譜

同朋大学仏教学会より二〇一二年に発行された『同朋仏教』第四八号に収録の講演録。宗祖親鸞聖人七五〇回御遠忌にあたる二〇一一年に講演されたもの。

私は真宗学が専門で、親鸞聖人を中心に、『教行信証』、そしてその背景となるさまざまな思想について学ばせていただいておりますが、加えまして、その親鸞聖人の思想の近代における展開にも関心があり、それについて研究しています。

また併せて、わずかな期間ですけれども、アメリカに行っていたことがございました。仏教・真宗をどういう言語表現で海外の方々に理解していただくか、という課題もございまして、東方仏教徒協会（The Eastern Buddhist Society）、通称ＥＢＳの運営にも携わっています。

一、「近代と真宗」への一視点

今回は、「近代と真宗」というテーマを挙げさせていただきました。これにつきましては、「シリーズ親鸞」、すなわち親鸞聖人の七五〇回御遠忌にあわせて宗門の方々がご執筆を担当した一般書でございますけれども、その第九巻目に『近代日本と親鸞――信の再生』（筑摩書房、二〇一〇年）という題で書かせていただきました。

それで今回ご依頼を受けたときに、「近代と真宗」というタイトルを出させていただいたことです。ただ、こういう大きなテーマで、一体どういう視点で考えたらいいのかということを、ご依頼を受けたのは大分以前になりますので、その時には「近代と真宗」という題目でお話をさせていただこうと思ったのですけれども、いざ準備に取りかかってみようとすると、どういう内容でこの大きなテーマにアプローチしていったらいいのかということを、不安に思いました。

その焦点が定まらないなかで、ひとつのきっかけとなる本が出ました。私自身、海外の方々に真宗を表現していくということで、大谷大学の真宗総合研究所に国際仏教研究班というチームがあり、長いこと関わらせていただいたわけです。この国際仏教研究班で近代の真宗を、とくに大谷派の視点に立って、海外の方々に紹介していこうじゃないかというプロジェクトが一〇年くらい前からありまして、つい二週間ほど前、ようやくそれが形になって出版されたわけです。それが

Cultivating Spirituality: A Modern Shin Buddhist Anthology という、ニューヨーク州立大学から出ている本でございます。この翻訳・出版がようやく実現して、私の手元に届きました。編集はロバート・ローズ（Robert F. Rhodes）先生とマーク・ブラム（Mark L. Blum）先生です。このお二人が編集してくださいました。そして翻訳者は四人の方です。マーク・ブラム先生、ポール・ワット（Paul Watt）先生、ロバート・ローズ先生、お亡くなりになられたヤン・ヴァン・ブラフト（Jan Van Bragt）先生です。

それらの方々と私は、ずっと研究会を続けてきたのですが、それぞれ清沢満之・曽我量深・金子大榮・安田理深という四人の方々を採り上げて、そして主要な著作の一部分を翻訳して紹介する、という形でこの本が出たことでございます。私が序文を書いておりますが、この書物が出てやっぱり良かったなと思いました。それで今回は、採り上げる視点は違いますけれども、「近代と真宗」を人物の側から焦点を当ててみようと思った次第です。

二、「種」の論理と、時代としての近代

はじめに「「種《しゅ》」の論理と、時代としての近代」ということでお話しします。「種」という語は「たね」とも読みますけれども、動植物でいいますと、分類の基本的な単位になります。これを人間の側で見ますと、類と種と個と、こういう範疇が出てきます。よりわかりやすくいうと、「人類」

「人種」「個人」と、こうなるわけですね。まあ種はもう少し広い概念ですけれども。

そういうなかで、近代という時代がどういう時代だったかというと、種、つまり、民族とか、それから国家とか、種の論理が非常に前面に出てきた時代です。近代以前から日本では、氏だとか家だとかいう論理は強いのですが、近代に入りますとそこに国家とか天皇とかが、種と意識されるようになってまいります。そんななかで、いわば個というものが、いったいどうなってきているか、ということなのです。

近代、欧米列強が日本にとって非常に脅威となってまいります。そのなかで民族、あるいは国家の自立性ということが問題とされ、そのために必然的に種の論理が意識されざるをえない。というのは、他のアジアの諸国は植民地化されるというような悲劇を迎えることが多かったなかで、日本は国としてしっかりしていかなければいけない、ということで種の論理が前面に出てまいります。

そんななかで、個が圧迫される、あるいは個が無視される、ということが生じてきたわけです。明治に入ってから、日清・日露の両大戦があるわけですが、とくに日露戦争の頃、こんな言葉が出てきます。

> 僕かつて、中学生に課して、各自の目的を叙述せしむ。彼筆《（ママ）》は皆いはく、国家のために学業に従事すと、或は又いはく、国家のために高等学校に入らんと、或はいはく、国家のために商業に従事せんと、而して、彼等は遂に一度も、自己、主観、自我、人生について、何のいふ所もなかりしなり。彼等は実に、たゞ国家あるを知りて、自己あるを知らざる也。

（「国家のため」、『新仏教』一九〇四年八月、『『新仏教』論説集』上巻、永田文昌堂、一九七八年、一〇六二頁）

『新仏教』は、一九〇四（明治三七）年くらいに発刊され、大正期まで続いた仏教雑誌ですけれども、そのなかでこの文が出てまいります。このように明治の後半、種の論理が突出してくる。そして、学校教育、「親に孝、国に忠」というような、また義勇ということを徳目とした修身教育、いわば尊皇愛国の志気を養う教育が進んでくる。そういうなかで、若い人たちは、心の中に、非常に抑圧感を覚えて、厭世的な考え方、いわゆる「煩悶」ということが、盛んにいわれるようになってきた。そういう時代の流れがあるわけですね。

それで、この種の思想は、我々に無視できない大切な事柄です。しかし種と個という意識枠＝パラダイムのなかで、これが日本人の心を最も強く支配してくるようになってきたのです。

種と個のパラダイムということがある一方で、国家のための仏教ということが、明治、とくに中期以降、強く主張されるようになってくるわけです。国家に寄り添う形で仏教を興していこうと。

仏教はご承知のように、明治に入ってから廃仏毀釈でだいぶ痛めつけられたわけですけれども、それは、仏教は国家のためにならない、ということで排斥されたという一面があります。それに対して、「いや、仏教は国家のために必要なんだ」という立場が強くなって、国家に添うことによって仏教の復興を図ろうとした、という一面があります。

ただ、そういう仏教界の流れがあるなかで、「仏教は自己によって復興するべきだ、そうしなければいけない」ということを主張したのが、清沢満之という人でした。

仏教復興の時にいろんな形で復興の試みが試みられた訳ですが、仏教を哲学として復興させるとか、或は文化として復興させるとか、こういう色んな試みがあったんだと思うです。その中で自己として復興させようという、そういう道をひらいた。それが清沢満之先生の持つ意義じゃないかと思うです。

（安田理深『信仰的実存』文明堂、一九七五年、五一頁）

と安田理深師は仰っておられます。哲学として復興させよう、文化として復興させよう、あるいは、教育などのさまざまな文化的活動によって復興させようということが当時の流れですが、しかし清沢師はそうではないと。仏教を自己として復興させようと。そういうことをしようとした人だということです。それはある意味で、種に対して個という立場を非常に重視してきたということです。

浄土真宗の各宗門におきましても、国家仏教として真宗を復興しようという流れは非常に強いものがありました。真俗二諦論という説が主張されることがございました。真宗教団では国家・民族、そして家という種の体制を補完する論理として、真俗二諦論が非常に強く主張されるようになって、戦争が起こりますと、率先して真宗教団もそれに協力していこうという立場が出てきたわけです。そういう立場に対して清沢師は、個の立場、自己というものを大切にするということを説いていかれました。

清沢師のいわれる自己というもの、それを、私はサブタイトルにも挙げたように「宗教的「個」」という言葉で呼んでおります。ちょっと聞き慣れない言葉ですけれども、個という言葉は、真宗を考える上において重要なキーワードになるのではないかと思い「宗教的「個」」という語を挙げたわけです。『清沢満之と個の思想』という私の著作がございますけれども、そこでは個という概念を中心に取り扱いました。

人間は自立しなければいけないけれども、宗教的信仰によって自立した個、それが「宗教的「個」」です。これは真宗に限らず、仏教やどのような宗教でも、信仰によって自立した個を「宗教的「個」」という言葉で呼んだわけです。そういう「宗教的「個」」という視点から考えるとき、今回三人の方々を採り上げてお話しさせていただきたいと思います。それが清沢満之、高木顕明、佐々木月樵という方々です。いずれも、この愛知県、すなわち尾張・三河から出た仏教者です。

三、清沢満之における宗教的「個」

最初に、清沢満之について採り上げてみたいと思います。清沢師は宗門改革運動を進めたわけでございますけれども、そのなかで外に向かっては改革運動、内に向かっては禁欲生活という形で自己を律していく。ミニマム・ポッシブルという言葉で彼は呼んでいるのですけれども、そういう禁欲生活を送るのですね。明治二〇年代後半でございますが、真宗大谷派の宗門改革運動をやっていかれたなかで、我らは仏教者たらねばいけないということで、『教界時言』という雑誌を発行します。「仏教者、何ぞ自重せざる乎」という論説は『教界時言』のなかの非常に大切な基調ですけれども、「自重する」ということを自分自身禁欲生活を送るなかで実践していくわけです。しかし彼は、それによって結局、結核に罹ってしまうのです。当時の肺結核というのは死の宣告に等しいわけで、それで肺結核に罹るなかで、エピクテタスというローマの哲人の書物に触れることになります。

清沢師は結局、結核に罹って、三河・大浜の西方寺、これは養子で入ったお寺ですけど、そこで療養生活を送ることになります。

そして療養生活のなかで『エピクテタス語録』に衝撃をうけます。エピクテタスは奴隷であって、かつ足に障害のあった人なんですね。その人は「死の門は開いている」としていつでも死は受け入れますよ、という。さまざまな束縛のあるなかで、自分は自己を見失うことはない、というわけです。奴隷であれば主人に使われるし、体が悪ければ身体的にさまざまな障害が生じるわけです。しかしそういうなかで、自己というものを保持する、そういうことをエピクテタスは『語録』のなかでいっております。

清沢師も、自分は結核に罹ったうえに、宗門改革運動の責任を取って、一時は僧籍を剝奪される。結核の身ですからお寺に入っても役に立たない。そういうことで、自分を見失いそうになります。自分が生きている意味が見出せない。そういうなかで、自己とは一体何だと、自分であるということはどういうことか、という問いを立てられるわけです。その問いのなかで、彼は日記にこんな言葉を残しています。

此ノ如ク四顧茫々ノ中間ニ於テ吾人ニ亦一円ノ自由境アリ　自己意念ノ範囲乃チ是ナリ　γνωθι

σαυτον Know Thyself is the Motto of Human Existence? 自己トハ何ソヤ 是レ人世ノ根本的問題ナリ 自己トハ他ナシ 絶対無限ノ妙用ニ乗托シテ任運ニ法爾ニ此境遇ニ落在セルモノ即チ是ナリ

（『臘扇記』第一号、『清沢全』第八巻、三六二～三六三頁。『清沢集』三六頁）

こういう言葉でございます。身体的にも社会的にも意のままにならない、これを清沢満之は「不如意」といっております。

そういう不如意のなかで、何が自分の意のままになるか、という時に、エピクテタスはこれを意念というのですね、意志が問われる。また、たとえ王様が自分の首をはねたとしても、自分の意志について、心の首をはねることはできない。そういうことをいっているわけです。

この、心が自由だ、という言葉に清沢師は非常に感銘を受けるわけです。そしてそれが自己である、といって、ここに「自己とは何ぞや」という。その自己とは、エピクテタスの場合は意念といって自由意志ということになるのですけれども、清沢師はその自己とは信仰であるという。その信仰において自己を得る。だから信仰との関わりにおいて出てくる自己なんですね。如来を信ずるなかで自己というものが立ち現れてくる。「自己とは何ぞや、是れ人世の根本的問題なり」と自己を問う。自己喪失の危機のなかで自己を問うて、自己とはどういうものであるか、「絶対無限の妙用に乗托し、任運に法爾に此境遇に落在せる者、即ち是なり」といわれます。

絶対無限者たる如来を信ずることによって自己が回復されてくるのだ、と。信ずるということによって如来の教えに乗托していく、おまかせすると。そういうなかで自分は自由になっていくのだ、というわけです。

自己とは私の他にあるわけではないですが、その私は絶対無限との関係において、はじめて自己たりうる、ということです。自己は有限的存在ですけれども、その有限なる自己は無限なるものに帰依することにおいて、はじめて有限である身を脱して、有限が有限なるままに、自由な存在になっていくことができる。

清沢師は結核に罹り、あらゆる面で有限性のなかにあったわけです。有限性、ということは束縛ということです。束縛のなかにある自己が、如来を信ずることにおいて自由の世界に出て行くことができる。自由ということは「自ら由る」ということです。自由自在ともいいますが、「自ら由り、自ら在る」という自己を獲得することができる。

清沢師はお寺に入ってからいろいろな辱めを受けるのですけれども、

許多ノ凌辱豈ニ意ニ介スベキモノアランヤ

（『臘扇記』、『清沢全』第八巻、三六三頁。『清沢集』三七頁）

という。自分は有限状態のなかで無限に接したものとして、有限世界を引き受けて、そして堂々と生きていくと。だからそこにおいて、自己というものが非常に能動的になってまいります。それを私は「能動的自己」という言葉で表現しています。能動的自己とは、所与の境遇を自らに受け入れて、不如意な生活のなかで積極的に生きていく自己です。いってみれば、消え入りそうな自分において、自らを失うことなく堂々と積極的に生きていく、そういう自分について「能動的自己」と私はいうのです。

その自己というものを問うたドキュメントが、『臘扇記』という日記です。『臘扇記』は一八九八（明治三一年）年に第一号が刊行され、一八九九（明治三二）年になって第二号が出るわけですが、その『臘扇記』第二号に、さらに自分の心情を述べていかれます。そこに非常に厳密に自己というものを問うていく。

自ト云ヒ己ト云ヒ外物ト云ヒ他人ト云フ　其何タルヲ精究スベシ（外物他人ストア学者ハ之ヲ称シテ「エクステルナルス」ト云フ）　他人ハ知リ易シ外物ハ雑多ナリ　而モ妻子眷属モ亦他人タルヲ知ラサル可カラズ　禽獣虫魚艸木瓦礫ノミヲ云フニアラサルナリ　居家モ外物ナリ衣食モ外物ナリ乃至身体髪膚モ亦外物ナリ妄念妄想モ外物ナリ　然ラハ何物カ是レ自己ナルヤ　嗚呼何物カ是レ自己ナルヤ　曰ク　天道ヲ知ルノ心是レ自己ナリ　天道ヲ知ルノ心ヲ知ルノ心是レ自己ナリ　天道ト自己ノ関係ヲ知見シテ自家充足ヲ知ルノ心是レ自己ナリ　自家充足ヲ知リテ天命ニ順シ天恩ニ報スルノ心是レ自己ナリ」

（『臘扇記』第二号、『清沢全』第八巻、四二四頁。『清沢集』六〇頁）

こういうように、自己の本質を理を詰めて探究していかれる。それは結局、真に自己なるもの、これを明らかにしようということなんですね。これは「偶坐案定」という、日記の終わりのほうに長々と書かれているところですが、その一節を引用させていただきました。こういうように自己を問うていかれたわけです。

私たちが、自己を問う、といいますと、抽象的・観念的に「私とは何か」と考えますけれども、そのような問いの立て方とは違うのですね。本当に安んずることのできる自己とは何か、そういう自己への問いなのですね。よく「自己実現」などといいますけれども、自己実現の宗教的意味とは、そこに自分が安んずることのできる自己を獲得することです。

そのような自己というものを、人生の根本的問いとして問うていったわけです。「自己とは何ぞや」「私って何」ということも、仏教の縁起観、すなわち彼我同体、万物同体、万物一体という縁起観に立って、自己を問うております。そのような問い方ですから、けっして自己というものは他者と離れたものではないわけです。

自己を知ると云ふは、決して外物を離れたる自己を知ると云ふにあらず、常に外物と相関係して離れざる自己を知るを云ふなり、蓋し外物を離れたる自己は、是れ一個の妄想にして、全く其実なきものなり、

（「本位本分の自覚」〔『真の人』〕、『清沢全』第六巻、三四二頁）

このような言葉を残しております。自己を知るといっても、その自己とは関係性のなかに顕れる自己なのですね。一つは如来とか、絶対無限者との関係で顕れてくる自己ですけれども、その自己は同時に、外物――他人ですね、あるいは他物といってもよいのですが、外物・他人というものと離れてある自己ではない。そういうような抽象的自己ではないということですね。

かつて私たちの先輩が、自分は年齢がいったので、もう清沢先生のいわれた、「自己とは何ぞや」ということを課題としたい、と。だから靖国とか同和とかそういう問題は考える余裕がない、という趣旨の発言をされて、波紋を呼んだことがございます。けれども、この、「自分は清沢先生のい

う自己とは何ぞやということを問いたい」という言葉のなかには、外物・他人というものと離れて、自他を分離して、自己とは何ぞや、といっているというニュアンスがあるかと思います。しかし、自己の省察というのは、かならず万物全体の一部を成す、関係的自己の認識にまで高められなければならないわけです。今引用した「本位本分の自覚」という文章の後ろのほうには、世の中にはいろいろな職業に就く人がいるけれども、その価値・尊厳において、「差あることなきなり」と仰っているわけですね。

そこから清沢師は、万物一体の内観・反省は、かならず他者に対する暖かい思いやりの心を発揮するものであるといっておられる。そういう意味で、自己とは何ぞや、という語を閉塞的に捉えるということは、やはり清沢師の問いとは違うと思うのですね。

そういうことを考えますと、さきほどの同和問題についてやっている暇がないという言葉に帰りますと「同じ開山上人の御門徒仲間からさへ人間らしい付合がして貰《もら》へませんでした」という叫びが振り返られます。これは「部落内の門徒衆へ！(1)」というメッセージの一節です。大正期に入ってからですが、こういう叫び声があげられます。

「自己とは何ぞや」という問いは自他差別ではなくて、自他を不離に考えていくような問いですね。自他平等ともいわれます。現実には我々は自他差別のところに立っているわけですけれども、そこから自他平等へ、というのが、仏教的な問いの立て方であろうと、そう思うわけです。自他差別ということを超えて行く道が、親鸞聖人の道でもあったのです。

ご承知のように、親鸞聖人は自他差別ということを超えて「いし・かわら・つぶてのごとくなるわれら(2)」といわれたのですけれど、その言葉が注目されたのは、そんなに古いことではなくて、一九六九（昭和四四）年に大谷派同和会から出された建議のなかで、この一節が注目されるようになってきたといわれます。自他差別を超えたところに、「いし・かわら・つぶてのごとくなるわれら」という地平が見出されてきたわけです。

四、高木顕明における宗教的「個」

そんななかで、すでに私どもの先輩で、差別された人々のなかに入っていった先覚者がおられます。それが次に挙げる高木顕明師です。高木師は、愛知県の真宗大谷派の門徒の家庭に生まれて、縁あって一八九九年に和歌山県新宮市の浄泉寺の住職になられます。檀家の人々のなかには被差別部落のなかに住んでいる門徒衆もいました。それらの人々に、最初は強い拒否感を持ったのでしょうけれども、その自他差別の意識を超えて、その門徒衆と一緒に生活していく。御同朋・御同行として認め合っていかれたということです。

彼の残した書物というのは、ほとんど無いわけでして、唯一『余が社会主義』という草稿が残されています。そのなかでひとつ気がつくのは、「われら」という言葉が何度か出てくることです。

嗚呼我等ニ力と命とを与へたるは南無阿弥陀仏である。（中略）或一派の人物の名誉とか爵位とか勲賞とかの為に一般の平民が犠牲となる国ニ棲息して居る我々であるもの。

（『高木顕明の事績に学ぶ学習資料集』真宗大谷派宗務所、二〇一〇年、一〇四～一〇五頁。以下『資料集』）

このように、「我等」とか「我々」という言葉が何度か出てまいります。このなかで「一般の平民が犠牲となる国ニ棲息して居る我々」というように、平民として、自らを位置づけていますね。明治に入って、一応、士農工商という身分制度は廃止された。一八七一（明治四）年に「賤称廃止令」が出され、被差別部落の人々を賤称することは法律的に禁止されたのですけれども、しかし華族・士族・平民という身分は存続します。しかも被差別部落の人々は新平民と蔑称されるという、そんななかで、自ら被差別部落の人々を御同朋・御同行として交わっていかれた。そして「しかるに御仏は我等を護るぞよ救うぞよ力になるぞよと呼びつゝある」[3]といわれ、御仏の平等の救済を説かれたのです。そこに親鸞聖人の「われら」の地平が受け継がれたことでございます。

この高木師について、さきほども申しましたように資料がなかなか乏しいのですけれども、こんな言葉が伝えられております。

このお寺の檀徒は貧しい人ばかりであった。高木和尚さんはお布施を貰うのが気の毒だといって、お布施をとらなかった。

そしてお寺の自活をするために、高木さんは按摩を習った。そして私の寺へもその按摩をしに来られたことがあった。

（若林芳樹「柔和な人」、『資料集』一一六頁）

彼のそういう真面目な仏教者としての姿は、一九九六（平成八）年の高木顕明師に関する調査報告書の下書きからも窺うことができます。この報告書は奈良教務所から発見されたもので、出張員が浄泉寺に赴いて聞き取り調査をしたときの報告書です。一九一〇（明治四三）年の日付です。その一部を窺いますと、高木師については、

性質及ヒ行状　何レノ方面カラ聞テモ本人性ハ廉直ニシテ慈善心アリ。又人ト約束ヲ違ヘス人ヲ詐ラス酒モ不飲ト（聞キ温厚人ナリト）聞及候　（中略）平素仏祖尊敬念ノ厚薄　顕明平素仏祖尊敬可ナリト聞

（「復命書下書き」、『資料集』七六頁）

というように、非常に宗教心に篤い方であった。また檀家に対する教導の熱励、「本人平素檀家中エ教導モ怠ラヌ」と、檀家の所に行きお説教などされた。そう記されています。そこに貧しい人々と共に生きていく、共に生きる、共生という姿がございます。

この『余が社会主義』という短い草稿のなかには、「向上進歩」とか「共同生活」という言葉が出てまいります。それはつまり共生の生活ということであるということができます。そういう意味において彼は、「共に生きる」人であった。貧しい人々、あるいは差別された人々と共に生きる人であった。しかしその前に、第一義的には「念仏と共に生きる」ということがあったわけですね。そのことが彼においては中心となっております。

『余が社会主義』を読んで非常に印象深いのは、南無阿弥陀仏という言葉が何回も出てくることです。清沢先生は敢えて南無阿弥陀仏という語を避けたのですけれども、高木師は南無阿弥陀仏という言葉を二十数回も用います。共生ということは何よりも仏様と生きるということなんですね。

念仏に生きるということです。それは、ただ念仏することではなくて、自ら日常生活の行動となって、念仏生活を生きるということです。言い換えれば、仏弟子として生きるということです。『余が社会主義』には、

御仏の成さしめ給ふ事を成し御仏の行ぜしめ給ふ事を行じ御仏の心を以て心とせん。如来のしろしめむ如く身を持すべし　（高木顕明『余が社会主義』、『資料集』一〇五～一〇六頁）

という言葉がありますが、これは蓮如上人が非常に大切にされた『安心決定鈔』というお聖教の、

あさなあさな、仏とともにおき、ゆうなゆうな、仏をいだきてふす　（『真宗聖典』九五三頁）

という言葉に由来します。まさに帰依一仏です。余仏・余神に仕えない、ということがあるわけですね。帰依一仏は南無阿弥陀仏、ということで念仏に生きていかれる。それは神祇不拝という精神を徹底することにもつながってまいります。

当時、新宮市では日露戦争に勝利して戦勝記念碑を建て、それに仏教の各宗が読経する、という話があったのですけれども、高木師はこれを拒否するわけですね。これは、種の論理に抗して、類―個のパラダイムといいますか、仏教の普遍の立場に立とうとする、そういう決意であったと窺われます。

そういう彼の行動について、私は、キリスト教のディートリッヒ・ボンヘッファー（Dietrich Bonhoeffer）の「共に生きる」（Live Together）という文章があるのですが、それを連想するわけです。(4) このタイトルは「神と共に」ということと同時に、「人々と共に」という内容を含んでいるのです。

彼はドイツのルター派の牧師でしたけれども、ヒトラーが政権を握った直後に、ラジオを通じて、ナチス政府がドイツ国民を誤って導くものである、と鋭く批判し、第二次大戦中には教会の仕事とともに、ヒトラーに対する地下抵抗運動に参加して、妹夫婦と共にドイツの秘密警察に逮捕され、二年間の収容生活の後、ナチス政権が崩壊する直前に処刑されてしまうのです。

この「共に」、「共なる生」――。キリスト教の場合には、神と共に生きると同時に、隣人愛ということが非常に大きなウエイトを占めるわけですけれども、高木師の場合には、念仏と共に生きる、御同朋・御同行と共に生きる、という姿勢、二つの「共に」という姿勢が貫かれます。

五、佐々木月樵における宗教的「個」

仏教は、種の論理を超えて、普遍、類の論理に立つわけです。その普遍の論理に立って、宗教的「個」の意義について、我々は近代に確かめていった人を思い浮かべますけれども、この普遍の論理を非常に大切にしたもうひとりの人として、私は佐々木月樵先生の名前を挙げたいと思います。佐々木先生は大谷大学の第三代の学長で、人格陶冶における、「本務遂行、相互敬愛、及び人格純真」⑤という三つのモットーで知られていますけれども、その源は親鸞聖人の宗教的人格に根ざします。

佐々木師は、明治の終わりくらいですが、三〇歳代に『親鸞聖人伝』という伝記を書かれます。

そのために、親鸞聖人を慕って、自ら親鸞聖人の足跡を訪ね、御旧跡まで足を運ばれた。ある時は箱根の権現に参籠し、また、越後の国府にもご自分で行かれた。そして『親鸞聖人伝』として明治の末年に出されるわけです。宗祖六五〇回御遠忌の直前、一九一〇年でございます。

そこで佐々木月樵師はこのようなことを仰っておられます。すなわち、

吾人は、我聖人の聖跡を巡拝し、或は又我聖人を伝しつゝ、時々その所謂単純なる叙述と史的考証とによりては、到底描写し難き偉大なる我聖人の人格にうたれることありき。

（佐々木月樵「告白」、『親鸞聖人伝』無我山房、一九一〇年、四頁）

と、『親鸞聖人伝』の序に記しておられます。親鸞聖人の宗教的人格は、単に史実だけではははっきりしない、ということですね。そういうことでいろいろな伝記をたずねていかれます。『親鸞聖人伝』の最初のほうでも、いろいろな伝記を、ビブリオグラフィというんですかね、集めております。こういう彼のアプローチの仕方は、最近ちょっと重んじられてきています。

たとえば、先般、『親鸞像の再構築』（筑摩書房、二〇一一年）という書物が、親鸞聖人七五〇回御遠忌を機に大谷大学の真宗総合研究所の編により刊行されました。「伝承のなかの親鸞」もひとつの素材として大切にしていこうということでいくつかの稿で論じられております。ご覧いただければと思います。

ともあれ、佐々木月樵師は仏教の普遍的・人類的意義を非常に大切にしていかれました。彼は鈴木大拙先生と一緒になって、東方仏教徒協会（The Eastern Buddhist Society）という機関を大谷大学

のなかに作られました。そこで、たとえば『御伝鈔』の翻訳などをしております。

佐々木師は仏教学者としてもいくつかの論文を残しており、これは今読んでも大変素晴らしいものです。

私は、東方仏教徒協会（ＥＢＳ）の事務局長と、編集長代理を務めておりましたが、今回ようやくマイケル・パイ（Michael Pye）という方が編集長に就いてくださることになりました。そのパイ先生は、最近、佐々木月樵師のものも含めて、昔の *The Eastern Buddhist* の論考をピックアップして編集し、シリーズとして再版する、という作業に取りかかられました。*Beyond Meditation: Expressions of Japanese Shin Buddhist Spirituality* というタイトルです。仏教というとみなメディテーションをいいますけれども、真宗はメディテーションはやらないのだということですね。イギリスの出版社から、パイ先生が編集して、戦前の *The Eastern Buddhist* の論稿を中心に、高木顕明師もここに紹介されているのですけれども、Eastern Buddhist Voices という名称のシリーズで本を編集して出版しておられます。これはシリーズですから、さらにこれからも出版されます。大変綺麗な本です。

パイ先生もいっておられたのですが、佐々木月樵師の論文は今読んでも素晴らしいと思われます。そこには、宗教的人格という事柄を非常に注意していかれたということがございます。

仏教をどう捉えるか。佐々木月樵師は、仏教とは何かというと、けっして哲学でも道徳でもないのだと。みんな釈尊の教えで、対告衆の教えだとかつていっておられました。対告衆つまり、それを聞いた人の教えだと。だから仏教とは何かというと、空だとか縁起だとか無我だとか考えるけれども、佐々木師はそうではないというのですね。『維摩経』は維摩詰の宗教だし、『観経』は韋提希夫人の宗教だ。『涅槃経』は阿闍世の宗教だ、というふうに、かならずお経というのは、相手の人に対して説かれるのだから、対告衆の宗教であるといって、人間を仏教のなかに取り戻していくのです。(6) 明治期は仏教哲学によって仏教を再興しようという動きがあったわけですが、佐々木先生は仏教は非常に人間的なものだ、と。そういうところから仏教を復興しようと。

それで、仏教の宗教的人格を代表する存在、これは釈尊と親鸞に他ならない、といいます。

あゝ、これ何等の対照ぞや。釈尊と愚禿、彼は天の人也、此は地の人也。彼は理想の人也、此は現実の人也。彼は最上の人也、此は最下の人也。彼は勝利者也、此は失敗者也。(中略) 然れ共、奇なるは宗教的信仰也。両極はまた終に一に帰しぬ。

(佐々木月樵「釈尊と親鸞聖人」、『親鸞聖人伝』無我山房、一九一〇年、九三頁)

佐々木先生は、大学に入学した者は、釈尊・親鸞という二人の宗教的人格に学ぶべきであるとして、釈尊伝・親鸞伝をカリキュラムのなかに取り入れました。(7) このように仏教学や真宗学に人間的なものを回復していこうというところに佐々木師の志願がありました。

以上、「近代と真宗――宗教的「個」の系譜」と題して、清沢満之、高木顕明、佐々木月樵という三人の先覚者の事例を通して、その宗教的「個」の思想について僅かながらたずねてみました。

その思想は、彼らの信仰、浄土真宗の信心と切り離すことはできませんが、私はその歩みに三者三様ながら、やはり尾張・三河の宗教的風土、いわゆる「土徳」というものを感ぜずにはいられません。

私は、真宗の学びは、教理の学にあらずして「人《にん》」の教学であると思い、その旨を最初にご紹介した『近代日本と親鸞　信の再生』でも述べましたが、この三人は、私たちにとって師表となる先覚者であると改めて思います。今回そのことを確かめる機会を与えていただいたことを感謝申し上げます。ご清聴、ありがとうございました。

註

（1）『部落問題学習資料集』真宗大谷派宗務所、一九九二年、一七頁。
（2）『唯信鈔文意』、『真宗聖典』五五三頁。
（3）『資料集』一〇五頁。
（4）「共に生きること」、『現代キリスト教思想叢書』第六巻、平石善司訳、白水社、一九七三年。「共に生きる生活」、『ボンヘッファー選集』Ⅵ、森野善右衛門訳、新教出版社、一九六八年。
（5）「大谷大学樹立の精神」、『佐々木月樵全集』第六巻、萠文社、一九二九年、八三〇頁。
（6）「対告衆と仏教」、『精神界』一九一四年四月。
（7）「大谷大学樹立の精神」、『佐々木月樵全集』第六巻、八二六頁。

人間成就の教育——清沢満之の教育観

真宗大谷派学校連合会より二〇一四年に発行の『会報　二〇一一年度』に収録された講演録。宗祖親鸞聖人七五〇回御遠忌を機に、「建学の精神の具現化を目指して——清沢満之の教育観」というテーマのもと開催された第一七回校長協議会（二〇一二年）で講演されたもの。

はじめに

ご紹介にあずかりました安冨と申します。現在、大谷大学にも出講しておりますけれど、新潟県の末寺のお寺の住職をさせていただいています。

このような校長先生方の研修会にお招きいただき、たいへん光栄に存じております。今回は全体的なテーマとしましては「建学の精神の具現化を目指して」、そしてサブテーマとしまして「清沢満之の教育観」と掲げられております。私には清沢満之についてお話をしてほしいというご要望がございましたので、清沢師の一学徒としてお邪魔した次第でございます。

「教育」ということは、私ども真宗におきましては、一般に「教化」と表現されており、また「きょうけ」と発音されています。教化ということにつきましては、親鸞聖人自身が教化の人であったということは申すまでもありません。生涯を通して教化していかれた仏者でございます。あるいは蓮如上人もまた一人の教化者として非常に大切な意味をもっておられた方でございます。蓮如上人の場合には、「聖人一流のご勧化の趣は」という言葉がございますように、「勧化（かんけ）」ともいわれます。親鸞聖人も蓮如上人も自ら「教化（きょうけ）者」とか「教化（きょうか）者」と名のられることはありませんでしたけれども、しかしお二人は紛れもなく「教化者」であり、「教育者」であったということができると思います。その教育的な指導によって、たくさんの人々が、念仏の下に独立者として誕生していかれたという歴史がございます。

そういう教化の伝統を受けまして、宗教教育の仕事に参加することが真宗における教化であり教育であると思われますけれども、その場合に教化の中心となるのは教え、「教」でございます。その教えを、身をもって手渡していくということが教化ということの内容であると思います。振り返りますと、真宗にはそういう長い教化の歴史がございます。その教化の場は主にお寺とか家庭であったわけですが、近代に入り、その場として学校教育の役割がたいへん重視されるようになりました。しかし当然のことですけれども、公共教育の場においては、特定の宗教を鼓吹することは禁止されており、教育基本法のなかで、公教育の場において宗教活動を禁止しているということがございます。ただ同時に、宗教を教育上尊重しなければならないという規定もあるわけでございます。ただ現実には、日本の公教育の現状は、宗教そのものを軽視するに至っているということがございます。そういう現状のなかで、宗教教育を行う学園、あるいは幼稚園・小学校・中学校・高等学校・大学、その他専門学校などの重要性は、ますます大きなものになってきているわけです。

真宗の精神を基盤とする学園は全国にたくさんございます。ここに出席されている先生方の学校を含めまして、二〇ぐらいあるということでございます。その他にもずいぶんあるかと思いますが、そういう関係学校、あるいは関係教育機関のなかで、私自身は大谷大学という大学に主として関係させていただいたことです。そういうことで、「清沢満之の教育観」というタイトルでお話をするようにというご要望をいただきました。

一、自己の修養・他己の開発

それでは清沢満之について入っていきたいと思います。

清沢満之先生は教育者としては、最初は第一高等学校、そして哲学館、今の東洋大学の講師をしておられます。そして京都府尋常中学校、これは真宗中学という名称に変わっていくわけですけれど、その京都府尋常中学校校長になられます。そしてその次に、岡崎御学館の係員をしておられます。これは法主の学問所です。それから高倉大学寮という場所で講師として教育に携わり、最後は真宗大学学監、今でいう学長として一生を終わっておられます。ですから、その生涯の半分以上ものあいだ、青年教育の仕事に携わっていかれたわけです。

明治の教育界に先覚者、先輩がいろいろ出ておられますけれども、そのなかに、満之の親友で沢柳政太郎という人がおられます。沢柳政太郎は明治時代の教育界の偉人として、福沢諭吉、新島襄と並んで清沢満之の名前を重く取り上げて、そのなかでとくに清沢満之が大切だということをいっております。

その清沢満之が東京大学大学院を卒業して最初に赴任したのが、京都府尋常中学校でした。その京都府尋常中学校は現在の洛北高校（京都市北区）にあたります。実は先週の六月六日ですが、浜風朧扇忌、清沢先生の年忌法要が、ご自坊である愛知県碧南市の西方寺で勤まりました。一五〇人ほどの方がお参りされたわけですが、その折に、年配の方がお一人おられ、「清沢先生にお世話になった」といって、「今日は仲間の人たちと一緒に来ました」といわれる稲垣眞美氏でした。京都府尋常中学校（京都一中、昭和一八年卒）の同窓生で、五、六人の方々とご一緒におられまして、「今日は清沢先生にお礼に来ました」と感話をしておられたことでした。私どもは清沢先生が京都府尋常中学校の校長であったということは、ややもすると忘れがちですけれども、宗門外の方が、「青年教育を施された、その校長であったことを誇りに思う」といっておられた後に、稲垣氏がご執筆された「明治の京一中　大校長に偲ぶ遺徳」と題する寄稿（同校同窓会誌『あかね』第五〇号、二〇一二年）をご恵送くださったことが印象深く思い出されることであります。

いずれにしても清沢満之は宗教教育を非常に大切にされました。しかもその宗教教育の場合、表面的な宗教の儀式を目的とするのではなく、心霊の修養というものを主張されました。中学校ではとくに宗門の生徒を集めて、京都府尋常中学校では宗門外の人もいるわけですから、宗門の生徒を集めて樹心会という会を組織し、毎月四日と二八日には真宗大学寮の講堂でその会を開き、生徒の一人ひとりが感話をして、その後、先生が法話をするということを行っていたようです。

明治の教育の体制として、やがて教育勅語の徳目を注入する修身教育が取り入れられるわけですけれども、これについて清沢満之は、

修身とか、道徳とか云ふても、外来の命令、外界の刺戟に応合することを、専要とするもの多し、
（「心霊の修養」［一］、『清沢全』第七巻、二〇九頁）

といっています。この言葉は「心霊の修養」という講話のなかに出ているのですが、このように他律的な教育というものを批判しております。「心霊」とは、スピリチュアリティーといいますか、心と霊魂の霊を書いて「心霊」と申します。その心霊の修養は、自分たちが本当の意味で主体的な人間になること、自分で自分を律するという自律的精神を修得していくことを「心霊の修養」と呼んでいるわけです。その「修養」という言葉は清沢満之においては非常に大切な言葉でした。大正時代に入りますと、大正教養主義というように、「教養」という言葉が非常に重要視されてくるのですが、明治期は修養という言葉が重要視されました。真宗では修行ということはないわけですけれども、清沢満之は修養を非常に大切にして、自分の身を教えに基づいて律していく、そういうこ

とを「修養」と呼んでいます。清沢先生以外にも、新渡戸稲造とかいろいろな人によって、修養という言葉が、とくに明治の中期から末期にかけて、非常に重要視されてきた背景がございます。

一方では、何といいますか、「磨いていく」といいますか、修養を大切にすると同時に、眼を世界に開いていく、自分の内に閉じこもるのではないのだということで、外国語の学習を非常に大切にされたわけです。真宗中学校では、『自助論』というサミュエル・スマイルズの書物を講読したりしております。また大学でも、眼を世界に開くということを重視しております。しかも宗門が教育に介入してくるということを非常に警戒して、大学の場合には、東京に移設するということが提案され、それが受け入れられていったわけです。その大学に対する抱負として、ある意味で非常に広大さを感じさせられる言葉があります。清沢先生は、こんなことをいっておられます。

先生嘗て、真宗大学を論じて曰く、この大学は世界第一の仏教大学たらしめざる可らず。他日、欧米より仏教を学ばんがために日本に留学するものあらば、必ず先づ真宗大学に来るべし。されど、第一に留学に来るものは、印度、暹羅、安南諸国の人にして、欧米の諸士漸やく之に次がん。今や欧米に於て、黒人勃興の元気、漸く進昂し来りしと言へば、白人の衰退も亦将さに遠からざる可し。白人の次に起るものは、東洋の黄色人種なり。支那日本、文明の隆運に向ふ時、わが大学は、仏教中心の大学たるべきなり。識者曰く、黄色人種勃興の前に、スラブ民族の勃興ありと。されど露国の勃興は一時、満州西伯利亜方面に興るのみにして、あまり大したることなかるべし。爾等今より実力を養ひ、大に他日の用に資せざる可らず。印度暹羅よりの留学は、最早や二十年を出でざるべし。

（安藤州一『清沢先生信仰坐談』、『清沢全』第九巻、四〇〇〜四〇一頁）

ここに、自律的精神の涵養、自己の修養とともに、外国の人々をも視野に入れた仏教の公開、他己の開発ということが願われています。その後、日本が現実にどうなっていったかということを考えますと、この清沢先生の言葉が必ずしも当てはまったとはいえないかもしれません。しかし、眼を世界に開いていこうという気概に満ちた大学、建学の精神への一つの抱負を語っているかと思います。そこにはロマンに満ちた気宇壮大な構想がございます。

仏教大学の先蹤としましては、ご承知のことと思いますが、インドにナーランダ仏教大学がございました。今は廃墟しか残っておりませんけれども、五世紀の中頃、グプタ朝の時代に、現在のパトナの郊外に建てられた仏教の総合大学で、インドだけでなく、世界各地から仏教を学びたい人たちが、この大学に登って来ました。当代随一の仏教学研究センターであったわけです。中国出身の人物としては、法顕とか玄奘、あるいは義浄、そしてダルマパーラ（護法）の弟子である戒賢がここで唯識を学んだということがございました。もちろん清沢先生はこの大学があったことは知っておられません。しかし、二〇世紀の初頭に、アジア・アメリカ・ヨーロッパに開かれた国際的なスケールをもった仏教大学を、建てることを願っておられました。

二、ソクラテス的教育法

清沢先生が真宗大学に就任したのは、その晩年、三八歳の時で、一九〇〇（明治三三）年のことです。真宗大学建築係に任命されているのです。その時、東京で住んでいた場所が、浩々洞という名で後に呼ばれるようになるわけですけれども、本郷森川町の近角常観の留守宅なのです。近角先生は外遊しておられまして、その留守宅に清沢先生が入りまして、そこに青年たちが集まり、共同生活を始めます。しかし、それらの人々の住所を「清沢方」というのは適当ではないというので、「浩々洞」という名前にしたわけです。その浩々洞に何人かの方々と共同生活を始め、そのなかには暁烏敏、佐々木月樵、多田鼎という学生たちがおり、先生を囲んで共同生活の場が開かれたわけです。先生は、この洞で共同生活をしながら、学生たちと共に学び合い、非常に厳しい指導を行ったわけです。

この浩々洞について、多田鼎氏は、

この家は、我等の此の世に於ける浄土なりき。花吹雪乱れ入る仏堂に於いて、積翠流るゝ階上にありて、さては木犀の香緩やかに動く樹心窟の中、又は山茶花のさき満つる庭の辺にありて、番茶を喫しつゝ、先生の講話うけたまはりし其の折の清興、今も忘るゝ能はず。

（法藏館版『清沢全』第八巻、二三二頁）

と回想しておられます。先生は、学生を自分の部屋、樹心窟に招き入れて、膝を交えて語り合う、また暇をみては、エマーソンの論文集等を学生たちと輪読したりしておられました。お酒は飲みませんので、茶話会をやったりしているのですが、そういう時には共に戯れたりと、厳しいなかにも和気藹々とした空気が満ちていたのです。そのようにして、先生の教化といいますか、先生に自然と感化されたのです。暁烏敏氏はその折のことを思い出しても、「涙の出るような嬉しい気がする」と回顧しております。そういう意味において浩々洞は、対話を中心とする一つの人間教育の場であったわけです。

清沢先生の教育方法におきましては、とにかく考える、thinkingということを非常に大切であるとし、注入式であってはいけないとして、対話的姿勢の大切さを説いております。これはソクラテス的方法といってもいいと思います。先生がエピクテタスを非常に尊敬していたことは、ご承知の通りでございます。年譜のなかにも、一八九八（明治三一）年に沢柳政太郎から「エピクテタス語録を借覧」と出ております。先生は、エピクテタスを非常に尊敬すると共に、エピクテタスが尊敬したソクラテスをも非常に尊敬されております。そのソクラテスが非常に大切にしたのは問答法でございますね。

ソ〔クラテス〕氏が青年教育を以て主眼となせしは敬服に堪えざる所なり。

（「ソクラテスに就きて」、『清沢全』第七巻、二六七頁。〔　〕内は著者による補足）

と述べ、それに続けて、

師と弟子とが同等の資格にあるにあらずば、必らず注入的の傾向に陥り、師の余智を以て弟子の脳中に強いて注入するの弊を免かれざるを覚ゆ。（中略）無一物の師、無邪気の弟子、問難往復以て事理を討究する、是れ開発的教育に至当の方法たらずや。（『清沢全』第七巻、二六七頁）

といっております。ご承知のように、ソクラテスは産婆術ということをいっております。教師の仕事というのは相手のもっているものを引き出すということで、産婆さんのような役割を果たすものであるというわけです。そのように相手のもっている能力を引き出していくこと、これを開発的教育と清沢先生はいっているわけです。その場合に師が自分で何かもっていて、弟子に注入していく、つまり暗記させるようなことをするのではなくて、対話しながら、相手の資質を見極めて、そこから引き出していくということを非常に大切なこととしております。それは清沢先生がソクラテスから学んだ方法だったわけです。

そのように既成の知識とか概念をもって生徒に接するのではなくて、文字通り「無一物」、ゼロのところから対等に接して、生徒の能力を開発する、そこに本来の教育的立場があるということがいわれるのです。そういう意味で、久木幸男先生が仰っていることですが、清沢先生は「無一物の教育者」ということができます。また、清沢先生のお弟子さんに安藤州一という方がおられるのですが、『清沢先生信仰坐談』で有名ですけれども、安藤州一氏は、「ああ、先生は近代のソクラテスなり」というふうにいっておられますし、また暁烏敏先生も、「先生は卓励たるソクラチックの論法を以て我等を開導し給ひ(1)」というふうに回想しておられます。そういう意味で、相手の能力に応じてソクラテス的方法を用いて、教育あるいは教化に携わった清沢先生の一面がよく窺われることです。そういう意味において、浩々洞という場所は対話を中心とする人間教育の場所であったということができます。

三、議論と大笑い

清沢満之という人は武士の出ですので、ある面で非常に厳しい一面をもっておられましたけれども、ただこう凝念として座っているという感じの人ではなくて、非常に議論することを好んでおられました。教育的対話という以前に、議論することを好んで、よく議論を吹きかけていくということをやった人なのです。だから清沢先生に「あなたの趣味はなんですか」と聞いたら、「議論です」といわれるのではないかと思われるほどです。歌も歌わないし、お酒も飲まないし、スポーツするわけでもないけれども、議論するということは非常にお好きな方だったようです。そこには彼の理知的な性格というものがございます。司馬遼太郎という作家がおられましたが、この司馬さんは、清沢先生について、「かれは物事を芸術的直感で結論がさとれる体質でなく、キリで揉みこむような理詰めの追究のごとくに何らかの結論を得るにいたる体質である」(2)ということをいっておられます。そのことは司馬さんが、清沢先生の日記を見てそう推察されているのです。

清沢先生は二〇歳の時の日記に、「私が生まれて今日までですでに二十年の歳月が過ぎた。これを日数で数えれば、一年三百六十日としても七千二百日となり、また分秒にすれば何々分となり又秒にすれば（以下略）[3]」とちょっと私も読むことのできないほど計算するわけです。そのように、非常に理知的な人なのです。ですから清沢先生は、学生の時、東京大学の寄宿舎でも、すぐ議論をして、そして理詰めで追い詰めていくというようなことをしていたようです。さきほどからお話ししている沢柳政太郎とは寄宿舎で一緒だったのですけれども、議論をして、屁理屈を捏ねて、結局、沢柳さんに勝ったらしいのです。それで沢柳さんは非常に怒りまして、「それならばこうしてやる」といって、耳を引っ張って部屋のなかを引きずり回したら、そのまま唯々諾々と引きずられておられた。そんな一面があった人のようなのです。後に宗門革新運動に入っても、同志の方たちと議論するわけです。その同志のなかに井上豊忠という人がいましたが、清沢先生は井上さんに初めて会った時、早速議論をするのです。その時も、朝の九時から夕方の六時まで議論をしっぱなしだったという逸話が残っております。しかも負けず嫌いで、なかなか参ったといわないのです。当時、保守派に斎藤唯信という方がおられたのですが、革新運動をやっていた時に、この斎藤氏と議論しても、けっして「負けた」といわないのです。斎藤さんもほとほと困り果てて、割り箸の包みの裏側に一句書いたというのです。その一句はどういう句であったかというと、

清沢や何に喩へん箸箱のいくらなげてもかつた〳〵と

（『松堂九十年史——斎藤唯信遺稿』西村為法館、一九五九年、四二頁）

でした。それを清沢先生に渡したら、先生は抱腹絶倒して笑ったというのです。「なげてもかつ

たく〳〵」だから箸箱だというのですが、清沢先生のあだ名は箸箱だったのです。勝った勝った（カッタカッタ）というから箸箱だというわけです。

そして浩々洞でも茶話会などで、いろいろなお話をするわけですが、その時も、これは多田鼎先生の追想談ですけれども、夜の白むまで、明け方まで話し合ったという逸話を残しております。そういう学生と共同生活して、しかも相手を追い詰めていきます。多田さんは、

談論の間、我等の論城に肉薄し来りて、之れを打ち之を攻め、而して時には痛罵をも交へらる。このために心動き、眼暗みて遂に敗るれば、独り哄然として笑ふ。

（法藏館版『清沢全』第八巻、二七六頁）

といっておられます。学生と議論して、それを攻めて攻めて、攻められた学生が目が眩んだようになると、大笑いをする、清沢先生は昂然と笑われるというのです。ただしかし、そこでは舌鋒は鋭いのですけれど、和やかなのです。浩々洞の名物は議論と大笑いであったといわれます。そういうなかから、宗教界を担って立ったいろいろな人物が育っていったということが現実にはあったことでございます。

四、「教育勅語」体制のなかで

ここで明治の公教育がどのように行われていたかということを少し振り返ってみたいと思います。

明治の教育は、国家の要請に役立つ人間を育てるということにありました。一八八六年、明治一九年ですが、初代文部大臣の森有礼によって帝国大学令、小学校令、中学校令、師範学校令、諸学校通則、いわゆる諸学校令が公布されました。それは国家中心主義的な教育体系であったわけで、これが明治の公教育だったのです。そして、一八九〇（明治二三）年、この年に教育勅語が出されます。第二次大戦後に教育勅語は失効しますが、明治から終戦までは「教育勅語」体制であり、その「教育勅語」体制が国家の教育の規範であったということができるのです。基本的には、御真影（天皇・皇后の写真）と教育勅語、御真影は天皇の象徴でございますが、そして教育勅語、これが大きな規範になったのです。ですから、この方式は「教育勅語」体制といっていいのではないかと思います。これがずっと明治だけでなくして、大正、それから昭和前期に至るまでの教育のベースであったわけです。そういう意味で、まことに宗教的な国民教育が行われ、その規範ができたわけでございます。そういうなかで、忠君愛国の精神が植えつけられることになったのです。

学校では、折々に、御真影の拝礼、そして教育勅語の拝読が行われました。その姿がどういうものであったかは、私は戦前の教育を受けておりませんのでわかりませんけれども、祖父とか父とかから聞いたりしております。たとえば明治の終わり頃に、田山花袋が『田舎教師』という小説を書きますけれども、そのなかに、

天長節には学校で式があつた。学務委員やら村長やら土地の有志者やら生徒の父兄やらがぞろ〳〵来た。勅語の箱を卓の上に飾つて、菊の花の白いのと黄いのとを瓶にさして其傍に置い

た。(中略)オルガンの音につれて、『君が代』と『今日のよき日』を唄ふ声が講堂の破れた硝子を洩れて聞えた。

(田山花袋『田舎教師』、『定本　花袋全集』第二巻、臨川書店、一九九三年、四四〇～四四一頁)

という一節があります。校長先生が勅語をうやうやしくいただいて読み上げます。そのようなことは、明治の教育勅語発布の後、どこの学校でも行われたわけで、そういう時には「君が代」を歌い、さらに天長節なら「今日のよき日は大君の生まれ賜いし良き日なり」という「今日のよき日」という歌を一緒に歌うということが行われたのです。そうしたことによって、児童生徒の心に、知らず知らずのうちに「忠君愛国」の精神が叩き込まれていくということがあったわけですね。

そこでは国民は臣民なのです。臣民とは天皇の家臣ということです。ですから公教育においては、生徒を臣民に育てるのです。たとえば「学政要領(成案)」では、「初等教育ハ我国臣民タルノ本分ヲ弁ヘ倫理ヲ行ヒ」(4)といわれております。そこにあるのは国家を一種の有機体とみる、国家有機体的な考え方です。そこでは、人間はいってみれば細胞になる。そういう国家有機体説に基づいて国民教育を行うということでした。そういう意味においては、何事も国家中心になります。そして、その目的はどういうものであったかというと、たとえば帝国大学令の場合には、

帝国大学ハ国家ノ須要ニ応スル学術技芸ヲ教授シ及其蘊奥ヲ攷究スルヲ以テ目的トス

(「帝国大学令」一八八六年、文部省『学制百年史(資料編)』帝国地方行政学会、一九七二年、一五二頁)

というように、国家が目的とする学問技術を教授し、そしてそれを研究する。ですから、自立的で

自由な人格を育むというよりは、国家に有為な存在、国家に有為な人材の育成という国家中心的な考え方が中心にあり、当時の公教育全体がそういうものであったのです。

　そこでは人間は国家に奉仕する存在であるわけですから、没主体であり、忠君愛国という封建的な思想、封建倫理といってもいいかもしれませんが、それが中心となったのです。近世においては各藩がありますから、藩が主君になるわけですけれども、明治になりますと廃藩置県が行われて、天皇を中心とする一君万民の国家体制ができてくる。そういうなかでの教育ですから、臣民を育てる教育が中心となっていったわけです。

五、浄土真宗の学場

　そういう教育が中心になっていくなかで、私立学校の存立意義というものが非常に重要になってまいります。大学に関していえば、明治の中頃から、いわゆる私立大学がいろいろと誕生してきました。たとえば明治二三年、一八九〇年には慶應義塾大学ができます。それから明治三五年、一九〇二年には早稲田大学、そしてその翌年には明治大学といった、現在も非常に重要な意味をもっている大学が生まれてまいりました。これらの大学は、国家目的に沿うような形で創立された帝国大学とは違って、国家権力からの学の独立を図るということにあったのです。早稲田の校歌には「学の独立」という一節があります。そのように、慶應・早稲田・明治等の大学ができてまいります。

それ以前は専門学校として名のっていたわけですが、専門学校から大学を名のるようになってくるわけです。そして自由な雰囲気のなかで専門教育を行ったのです。そういうなかで一九〇一年に真宗大学が東京に創立されます。一九〇一年は明治三四年です。真宗大学の名そのものは京都にもあったわけですけれども、建学の理念をもった、自立的な大学として創立されたのです。

学の独立という面からいえば、真宗大学は、ある意味で宗門の僧侶養成機関という面もあり、いろいろと宗門の介入を受け、宗門の当局者が代われば、教育方針がまた変わっていくというように、体制が、その時その時で変わっていく恐れがありました。大谷派は育英教校をつくったり、いろいろと青年教育を重視してきた歴史がございますけれども、ただ清沢先生は、宗門改革運動をやっていくなかで、やはり時の宗門の内局によって、その場その場に応じて変わっていくことに、ある面で苦い思いをもっておりました。やはりこれからは首都も東京に移ったのだから、東京へ行って、そして広い視野のもとで、宗門からもある程度の距離を置いて、全く距離を置くことはあってはならないですが、ある程度の距離を置いて、独自の教育・研究を行う。それが、真宗大学を東京に創立した願いのなかにあったわけです。その場所が巣鴨でした。現在、その跡は何も残っておりませんけれども、大塚の辺りに宮中公園という地がありまして、そこに「大谷大学開学の碑」が建てられています。これは開学一〇〇周年記念に建てられたもので、僅かに跡をとどめているだけであります。

こうして東京に真宗大学が建てられました。そして、その開校式では、やはり国家を離れることはできませんから、一同起立礼拝して、国歌を歌うということになります。そして、南条文雄先生が教育勅語を読まれました。完全に教育勅語体制から自由ではなかったわけです。清沢先生の教育理念からすれば教育勅語の拝読というのは、ちょっと奇妙な印象を与えます。当時の教育体制下、とくに文部大臣など、お歴々、直接来られたかどうかは知りませんけれども、お歴々がおいでになったということが伝えられておりますので、そういうなかでは止むをえなかったことだと思います。教育勅語を最初は学監の清沢先生が読む予定であったのですけれども、清沢先生は、自分は苦手だからといって、南条先生に「あなたに読んでいただきたい」と奉読を依頼するわけです。自分はやはり読みづらかったのでしょう。しかも、それに先立って内村鑑三の不敬事件があったわけです。ご承知かと思いますが、一八九一（明治二四）年、内村鑑三が第一高等中学校の教員であった時に、御真影に拝礼しなかったということが問題になって、学校から追われるという出来事があったわけです。当時はそういう状況でありますので、清沢先生も御真影拝礼には賛成できない、親鸞聖人を御真影と仰ぐ真宗の学校だから賛成できない。しかし大学を開校するについてはやはり、教育勅語を読まなくてはならない。それならば、南条先生に読んでもらおうということで、代読していただいたと伝えられております。はっきりと申すことはできないかもしれませんが、そこに教育勅語忌避の姿勢が見られると私は思うのです。

その「真宗大学開校の辞」では、ご承知の通り、

本学は他の学校とは異りまして宗教学校なること殊に仏教の中に於て浄土真宗の学場でありま

す　即ち我々が信奉する本願他力の宗義に基きまして我々に於て最大事件なる自己の信念の確立の上に其信仰を他に伝へる即ち自信教人信の誠を尽すべき人物を養成するのが本学の特質であります

（「真宗大学開校の辞」、『清沢全』第七巻、三六四頁）

と述べています。ここで「他の学校」というのはいろいろあるのでしょうけれども、帝国大学、あるいはさきほど申しました慶應・早稲田・明治などの私立大学を指すと思われます。そういう大学とは違って、「宗教学校なること殊に仏教の中に於て浄土真宗の学場であります」といっているのです。

そして本願他力、これを宗義であるとしています。宗門の、あるいは浄土真宗の基本的な教義、これを宗義と申します。この確認は非常に大切なことで、当時、宗義とされていたものは真俗二諦論です。ところが、清沢先生は、そうではなくて、本願他力が宗義であるとされました。そして「自信教人信の誠を尽すべき人物」、これはいわゆる真俗二諦論に対応し、「自己の信念の確立の上に」ということが自信になります。「我々に於て最大事件なる自己の信念の確立の上に其信仰を他に伝へる即ち自信教人信の」と、「自己の信念の確立」、これは浄土真宗の教えに基づいて自己の主体性を確立し、本当に主体的な人間になっていくのです。主体的な人間になるといっても自分中心になっていくのではなくて、教えに基づいて主体を形成していく。と同時に、それを他に伝えていく。そういう誠を伝える人物ですね。

要するに、「人物」というのは「人材」とは違うわけで、人材養成ではなくて、人物を育てるのです。人物とは、ある意味においては宗教的な人格なのです。これを育てていく生き方、それを清沢先生は真宗大学に求めていたわけです。私立大学、あるいは私立学校といわれるものは、それぞれ建学の精神に基づいて教育理念が確かめられていくのですけれども、清沢先生は「開校の辞」に象徴されるような建学の理念というものを明らかにされたわけです。

このようにして、東京に真宗大学が開校されます。その前には、京都に真宗高倉大学寮と真宗大学とが併設されていました。それが一八九六（明治二九）年のことです。その高倉大学寮では安居および宗乗専攻院が設けられ、一方、真宗大学では一八九七（明治三〇）年に占部観順師が学監に就任して、そこで極めて伝統的な宗学が研鑚されたわけです。ただご承知のように、学監として就任された占部観順師が、宗義に合わないということで排斥されました。それに対して清沢先生は、教権が介入してくるということについて、非常に重大なことだと批判されるのです。それが『教界時言』に載った「貫練会を論ず」という論文です。『教界時言』は宗門改革運動の機関誌ですが、そのなかで厳しく批判しているのです。そこで、宗義と宗学というものは分けなければいけないといっています。宗義と宗学は全く違うものだというわけです。宗義は「宗祖の建立に関わり、宗学は末学の討究になる」というのです。その宗義と宗学を一緒にしているということは非常に大きな問題だと、清沢先生は批判したわけです。占部師はたまたま宗義の名の下に置かれる宗学に合わなかったから排斥されたのですが、そういうことがあってはならないとしたわけです。

清沢先生は「開校の辞」のなかで「本願他力の宗義」と、宗義をきちんと明確にされます。宗門のなかで宗義と宗学が混乱したことは非常に大きな問題になりました。明日（二〇一二年六月一六日）、難波別院で遠松忌の法要が厳修されます。高木顕明師の追弔会です。そこで私は記念の法話をさせていただくことになっています。高木顕明という方は、最後は大逆事件に連座して自死に追いやられた方でありますが、この方の場合も本山から擯斥処分に遭います。それも宗義に合わないといって擯斥処分に遭うのです。では宗義とは何かというと、真俗二諦の宗義だというのです。その真俗二諦の宗義に合わないということで擯斥処分にする。この真俗二諦という説は宗学に属するのです。宗義でないものを宗義としたということが、近代大谷派の非常に大きな問題として残っているわけです。そういう意味において清沢先生が「本願他力の宗義」、これを非常に重要だと確認しておられたことは大切なことです。

六、独尊子の養成

ともあれ清沢先生は、「真宗大学開校の辞」で、国家社会に直接寄与する有為な人材を養成するのではなく、自信教人信の誠を尽くすべき人物、つまり宗教的人格を育成しようという抱負を述べられます。これは今も申しましたように、当時の宗門の全体の歩みからは一線を画しているわけです。その頃、宗門から出された垂示、これは法主の名で出されたのですが、それを見ますと、教化の方針は完全に真俗二諦の教理ということになっております。真俗二諦の教理、しかも強調されるのは俗諦門のほうでした。では俗諦は何であるのかというと、それは忠君愛国なのです。だから教育勅語そのままを踏襲するような形での忠良なる臣民の育成、これが明治の宗門の教育の基本的な方針だったわけです。ですから、人材養成といいましても、国家に役立つ人材養成ということが中心になってまいります。そこでは個人は、社会とか国家にどれほど役立つかという物差しで、その存在の価値が計られることになります。そのため、弱者・無能力者は、役立たず、無用者とみなされ、疎外されるのは必然であったわけです。

清沢先生の場合、自分自身を役立たず、無能者であるとされ、これを「臘扇」という言葉でいっておられます。清沢先生は結核に罹られ、しかも一時、宗門からも僧籍を剝奪されます。ご自坊の西方寺に帰られるわけですが、しかし結核ですから、人々に迷惑がかかるし、檀家からも嫌がられるわけで、役立たず・無用者ということを骨身に沁みて実感され、そして自らを黙忍堂臘扇と称されているのです。黙忍、黙って忍ぶということです。臘扇とは「一二月の扇子」ということです。これは夏の火鉢と同じように、役に立たないということを意味します。そういう役立たず、無能者という自覚を清沢先生は持ちつづけておられるのです。いつも自分が弱者というか、そういう立場に身を置くことを学ばれたわけです。そういう弱者の側に立った眼差しを持ちながら、そういうなかから主体として立ち上がっていく、独立者になっていくということが清沢先生の願われたことでした。そういう意味において、宗教的人格を育てようとされたのです。これはパンのためとか国家のためといった即物的な課題に応ずるものではなくて、誠に遠大な課題に応ずるものです。それを浄土真宗の教えに基づいて行おうとされたのです。こういうことをいっておられます。

世間の学校は、固よりパンと名誉とを求むる者のために設く、独り宗教の学校は、パンのために悩されざる底の修養を得せしめんために建設す。

（安藤州一『清沢先生信仰坐談』、『清沢全』第九巻、四〇一頁）

つまり、世間の学校に対して宗教学校というものは違うのだと、そういうことをいっておられるのです。そういう理念の下に宗教教育を行い、そして、そこに育っていく人を「独尊子」という言葉で表現されます。独尊子、これは釈尊の誕生の言葉です。「天上天下唯我独尊」、「天の上天の下に唯だ我独り、尊し」そのように私は読ませていただいております。そういう独尊子、これは尊貴に満ちた個としての人間像です。清沢先生は、その日記、『臘扇記』のなかでこういうことをいっておられます。

独尊子ハ独立自在ノ分ヲ守ルモノナリ　是レ常ニ其ニ尊貴ヲ失ハス威厳ヲ損セサル所以ナリ亦能ク常ニ其ニ安泰ヲ持シ自適ヲ得ル所以ナリ

（『臘扇記』第二号、『清沢全』第八巻、四〇三頁。『清沢集』五〇頁）

独立自在の分を守って尊貴を失わない、人間としての尊厳性を失わないということですね。これが真宗大学の教育に先生が願ったことで、そういう意味で、「真宗大学開校の辞」は、一つの教育宣言であると私は思います。

おわりに

　大谷大学には二つの教育宣言があると見ることができます。一つは清沢満之先生の「真宗大学開校の辞」です。そしてもう一つは、佐々木月樵先生の「大谷大学樹立の精神」です。この二つが大谷大学の教育宣言であると思います。

　その第一の教育宣言であるこの「真宗大学開校の辞」で、先生は、自信教人信の誠を尽くすべき人物、そういう人物を養成するのがこの学校の目的だといっておられるのですが、それは独尊子を育てるということであり、独り居て自らの存在というものを有り難い存在として受け止めていくような人物を育てるということです。いわば、人間成就の教育を指向されたわけです。そして、それを真宗の本願他力の宗義に基づくというのは、本願他力を一つの存在の立脚地とするということです。「樹心弘誓仏地」というお言葉が親鸞聖人にあり、清沢先生はその「樹心」という言葉を好んで用いられました。最初のほうにも申しましたように、浩々洞の自分の部屋を樹心窟と名づけておられますし、また高倉大学寮での学生たちの会合を樹心会と名づけておられます。

　自らの心を本願他力の宗義に立て、そこから立ち上がり、そこから誕生する人物、それを先生は独尊子と呼び、真宗大学は、そういう人物を育てるのだという願いをもたれました。浩々洞等でもそうであって、同人であった常盤大定氏は、浩々洞の生活はあたかも「古代の僧伽を目前に見る」

ようであったと回想しています[5]。清沢先生は肺結核でしたから、痰壺を傍に置いて座っているのですが、痰壺を傍に置きながら、学生あるいは聴講者と一緒に対話するということを行っていました。明治の教育体制、あるいは宗門体制のなかで、人間としての人格を形成することを一つの大きな願いとしていたわけです。

明治以来、日本は教育勅語をベースにして、国家主義的な教育を施し、富国強兵、殖産興業に役立つ人材を養成することに努めてきたわけですが、そのなかで、真宗という普遍主義の立場、国家主義ではなくて普遍主義の立場に立って、生徒たちが自主的に物事を考える内面的な人格として育てられることを清沢先生は期待されたわけです。教育勅語体制は、第二次大戦の敗戦で引っくり返ります。ただ戦後の教育は、ご承知のように、産業界の要請によって左右され、首相の池田勇人氏によって「人づくり」ということが経済成長推進のなかでいわれたのですが、それが人間らしさを失ったエコノミックアニマルと外国から揶揄されるという事態にもなったわけです。そういうなかで、私たちは帰るべき場所として仏教、親鸞聖人、そして清沢満之というような方々をもっているというのは非常に重要なことです。

教育基本法のなかでは、教育の目的として、

人格の完成をめざし、(中略)個人の価値をたっとび、(中略)健康な国民の育成を期して行われなければならない。

(「教育基本法」一九四七年[6])

と謳ってあります。それは非常に大切な人間尊重の言葉だと思います。ではどのようにしてそうい

う人格の完成、さきほどの言葉でいえば、人間成就の教育を行うのかということになりますと、それは各学校に委ねられているわけです。それだけに、私たちが親鸞聖人、清沢満之先生という方をもっているということは非常に大きな意味があるのではないだろうかと、そういうことを思っていることでございます。

時間でございますので、ここまでにさせていただきます。

註

（1）法藏館版『清沢全』第八巻、二五四頁。
（2）司馬遼太郎『歴史と小説』集英社、一九七九年、一一五頁。
（3）「予備門日記」、『清沢全』第八巻、三頁取意。
（4）『森有礼全集』第一巻、宣文堂書店、一九七二年、三五六頁。
（5）法藏館版『清沢全』第八巻、二九七頁。
（6）引用は一九四七（昭和二二）年の「教育基本法」であるが、二〇〇六（平成一八）年に改正されている。

今、清沢満之に憶う――生誕一五〇年にあたって

真宗大谷派名古屋別院より二〇一四年に発行の『信道　二〇一三年度』に収録の講演録。前年六月、清沢の生誕一五〇年に思いを寄せて講演されたもの。

一、清沢満之没後一一〇年、生誕一五〇年

ただいまご紹介にあずかりました安冨でございます。この度もご縁をいただきましてお話をさせていただくことになりました。

この六月という月にまいらせていただくということで、六月に因縁の深い清沢満之先生についてお話をさせていただくことにしました。清沢先生はご承知のように、一八六二（文久三）年六月二六日、徳永永則、タキの長男として名古屋の黒門町にお生まれになられました。そして一九〇三

（明治三六）年ですが、これも六月の六日、午前一時、愛知県碧南市浜寺町・西方寺の二階の書斎にて息を引き取られました。お生まれになったのも六月で、お亡くなりになったのも六月ということです。六月に大変に因縁の深い先生でございます。

とくにそのご命日を記念して、各地で「臘扇忌」という先生のご命日の集いがもたれております。今年（二〇一三年）の六月二日には、暁烏敏先生の自坊の明達寺（石川県白山市）で、住職の暁烏照夫先生がご法話をなさっております。六月三日には碧南市の西方寺、清沢先生のお寺で勤められています。清沢先生の記念館もあるわけでございますが、そこで第二〇回「浜風臘扇忌」ということで、評論家の宮崎哲弥先生が「時代とともに進化する仏教――伝統と革新」という題でお話をしておられます。それからまた、「名古屋臘扇忌」が六月七日、実行委員会の主催で名古屋別院の対面所で行われております。吉田暁正先生、浅野昭英先生が勤行と法話をしておられます。それから六月一八日は「愚者具舎」で、今日もお見えの清澤満之記念館スタッフの酒井笑子先生がご法話をなされるということをお聞きしております。このように、各地で臘扇忌の集いが営まれることでございます。とくに今年は、清沢先生が一九〇三年に亡くなられて、没後一一〇年にあたります。

それで、没後一〇〇年の記念の法要が一一年前に行われたわけですけれども、清沢満之一〇〇回忌法要、第九回「浜風臘扇忌」、そのときのことが思い出されることでございます。これは西方寺様で行われた集いですけれども、二〇〇二年の六月一日から二日、たいへん盛大に行われました。記念写真を拝見いたしますと、ご本堂の前でご住職の聡之先生、奥様が写っております。前列を見ますと林暁宇先生、谷田暁峯先生、神戸和磨先生などのお顔がみえます。今はそのお三人の先生は還浄なさっておられます。その記念写真の上のほうには、松の大木が覆いかぶさるように写っております。実はその松も枯れてしまって伐採されてしまいました。この一〇年という歳月にいろんな移り変わりがありました。諸行無常を感ぜざるを得ません。ただ、金子大榮先生の「花びらは散っても花は散らない[1]」という言葉が想い起こされます。この言葉の通り、諸先生は身罷られましたけれども、今は諸仏となって、常に私たちのこの世界を荘厳してくださっています。これはまた本当に尊いことと拝まれることです。そしてまた、改めてそれらの先生方のお声に耳を傾けなければいけないということを思っているような次第であります。

清沢先生は、没後一一〇年ですけれども、生誕一五〇年という年にも今年はあたっております。私たち仏教徒は、ご誕生された年よりもむしろお亡くなりになった年のほうを大切にするというところがございますけれども、一五〇年という年は、やはりご誕生の意味をたずねる大切な機会であると思います。先生は四一年という短いご生涯でございますけれども、その節目節目が先生にとって大きな意義があったと思われます。

二、「心の習慣」

その四一年のご生涯の節目について、『清沢満之全集』が岩波書店から出ておりますが、その全九巻の第八巻目に「信念の歩み——日記」という標題がついております。その標題を見ますと、先生の日記を中心に収集してあります。日記は大学に行かれてからつけられていますので、一八、一九歳ぐらいからのものになりますが、その『清沢満之全集』第八巻での章分けは、最初が「大学留学　東京」となっております。その次が「修道生活　京都」。そして「結核療養　垂水」、「革新運動　京都」、「内観反省　大浜」。そして「浩々洞　東京」、「帰郷安住　大浜」と、このようになっております。

先生は名古屋にお生まれになって、そして東京に出られるわけです。それから京都に行かれ、さらに垂水の洞養寺、これは神戸市です。そして「革新運動」がまた京都です。そして「内観反省　大浜」とありますが、これは今の碧南市でございます。この碧南市に清澤満之記念館を併設した、西方寺がございます。大浜は先生の終焉の地でございます。そして「浩々洞　東京」と。それから、ゆかりの地として石川県白山市の明達寺もあります。ここには清沢先生のお弟子の暁烏先生が建てた臘扇堂があります。このように四一年のご生涯ですが、いろいろな地に先生はご縁を結んでおられます。

それで、先生が東京大学の予備門に入られたのは二〇歳の時です。一八八二（明治一五）年、二〇歳の時に、東京大学予備門に入られて、『予備門日記』というのが残されているわけですけれども、それ以前にも日記というものは書かれたのでしょうが、残っていないようです。ですから、残念ながらそれ以前のことについて日記ではわからないのですが、とにかく名古屋でお生まれになって幼少期を過ごされた。それで、京都の育英教校に入られたということです。そのあたりはちょっとたどり難い面もあるわけですけれども、この時代の清沢先生、それを「因位時代」というふうにいっていいかもしれません。この因位時代の清沢先生があればこそ、後の清沢先生があるということでございます。

臘扇忌というと、お亡くなりになったところから見ていくということがあるわけですが、しかし今日はお生まれになったところ、因位時代から見ていきます。仏教では、因位と果上ということを申します。『正信偈』を拝読いたしますと、「法蔵菩薩因位時」（『真宗聖典』二〇四頁）と出てまいります。だから因位という言葉は親しいわけです。因位の法蔵菩薩は、果上になると阿弥陀様になるわけです。そういうことで因位と果上、このことは対応します。

それで、因位時代の清沢先生を中心にしながら、今日は少しお話をさせていただこうと思います。そういうことを考えます時に、その出発点に当たるところを見ていくということが非常に大切です。だいたい人間は、「心の習慣」というものをもつという。これはアメリカの社会学者のロバート・ベラーという人がいっておられるのです。英語で読むと「The habits of the heart」といいます。子どもの時にどのような「心の習慣」をつけたかということが、その人の後の成長にとって非常に大切だと。これは、別にベラー博士に指摘されるまでもないのですけれども、そうおっしゃっておられるわけです。ベラー先生はアメリカのハーバード大学の宗教社会学の先生でございましたけれども、幼少期にどういう「心の習慣」を身につけたかということによって、成人期が決定される。

だから私たちにとって、どういう子ども時代を過ごしたかということは非常に重要な意味がございます。どういう両親の躾を受けたか、どういう家庭環境に育ったか。これは非常に大きな意味がございます。

三、士族の家柄からくる武士的精神

ご承知のように清沢先生はもとは徳永満之助とおっしゃいました。お父さんは徳永永則、お母さんは徳永タキというお方でした。このお二人の長男として生まれられたわけですけれども、永則氏は尾張藩士で、下級武士です。足軽頭というお方でした。お母さんは横井甚八という、やはり武士の家の生まれです。武士の家系で、いわばそういう侍のお家にお生まれになったということなんです。

これは、私たちが清沢先生を見る場合に重要なことだと思います。明治の国家において、一応身分制は廃止されたわけですけれども、それでもやはり華族とか士族とか平民と分けられておりまして、やはり身分的な秩序みたいなものは残っていたわけです。しかも、清沢先生の場合は士族といっても佐幕派です。尾張の佐幕派。旧徳川、幕府方でございます。幕府方であり、しかも下級である。つまり明治の新政権のもとでは立身出世という栄達を望みにくい出自なのです。明治はだいたい長州とか、土佐とかの士族が、徳川を倒して新政府をつくったわけです。徳川方ということになりますと、やはりなかなか伸びていくことができない。

そういうことで不遇な身をかこつわけですが、しかし明治の国家を見ていった場合には、佐幕派の下級武士は大きな力をもってくるのです。つまり、別なところで新しく自分の立場を見出していかなければいけない。キリスト教界でいえば、内村鑑三、あるいは植村正久、新渡戸稲造なども、みんな下級武士の出身です。そういう人たちが不遇のなかで一生懸命外国語を覚えたり、新しく入ってきた宗教、キリスト教、これに帰依していく。要は立脚地を見定めるということでございます。

武士の武士たるところは、非常に独立心が強いということです。「武士は食わねど高楊枝」という言葉がございますけれども、そういう気概をもって、人に対してもおもねるようなことはなくて、堂々と生きていくと。これが武士的な生き方なわけです。刀は外したけれども侍といわれる、そういう気概はもっている。これが武士道です。そういう進取の気性をもっているのが、武士と呼ばれるものです。清沢先生もそういう気概をもっておられたのです。

私は、新潟県北部の村上市、山形県に近い人口三万人くらいの小さい町の出身です。私のところは城下町でして、戦前は学校も町民と士族の人たちと分かれていたのです。私は戦後の教育を受けていますから学校がちがうということはなかったのですが、しかしやはり旧士族の人たちは何事もがんばるのです。それで一生懸命がんばって勉強していくわけです。私の子どもの頃もやはり旧士族の人たちは本町などに住んでいました。私の自坊は大工町というところにあります。お城に近いところの武士の子はやはり、剣道をやったり、勉強を一生懸命したりして、キリッとしていました。

それは親がそういう教育を子どもに授けて、お金がなくても高い教育を受けさせようとする。それでがんばっていたということがございます。

そういうことで、ちょっと清沢先生のことも想像するわけです。ご両親が武士の出身で、子どもの頃から独立心というものをもっておられる。清沢先生ご自身は「自分は武士の出だ」なんて全くおっしゃりません。しかし、やはり風貌は古武士のような風格があります。それに惹かれた人が多かったといいます。お弟子の多田鼎先生は、清沢先生が痰壺を持って、正座してお話しされると、古武士のような風格があって、それにみんな魅了されたと、こういっておられます。身体は小さいお方ですけれども、お顔を見ても、やはり古武士のようなキリッとした印象がございます。そういう意味で、清沢先生を見ていく時には、一つにはこの武士的精神を忘れてはいけません。

四、外国語を通して開明的な精神を養う

清沢先生がお生まれになった場所は、名古屋市東区の黒門町です。八歳の時に渡邊圭一郎の私塾である不怠堂に通学します。そこでいろいろ学ばれるわけです。今でいう小学校に入られます。やがて筒井町の情妙寺に愛知県立第五義校が開設され、その義校生となります。これは現在の筒井小学校の地にありました。今ここには「清沢満之師碑」が建っています。満之五〇回忌を記念して建てられた石碑で、暁烏先生の字で、「須く自己を省察すべし、大道を見知すべし」と碑文に記され

ています。今年になって、生誕一五〇周年の記念事業として、その石碑の近くに説明板が設置されたとお聞きしました。

先生は一二歳の時に小学校を卒業して、新設の愛知外国語学校、ここへ入り、語学力の基礎を学ばれます。現在の県立旭丘高等学校の前身です。これは、一八七四（明治七）年に英語教授を目的として名古屋の七間町に設立されて、吉川泰二郎校長のもとに日本人教員が九名、外国人の教員が四、五名、それから生徒一六一名が在籍したということです。この愛知外国語学校はやがて愛知英語学校となります。この学校の卒業生には坪内逍遥という、『小説神髄』などを書いた有名な小説家がいます。彼はシェイクスピアの翻訳もしたのです。日本に初めてシェイクスピアの紹介をした英文学者といっていいかと思います。一八七四年というのは、清沢先生の入った年ですけれども、やはり坪内さんも入っているのです。その時、清沢先生は一二歳で、坪内さんは一六歳です。清沢先生より四歳年上です。

この坪内さんはレーザムという外国人教師からシェイクスピアの講義を受けて、やがてシェイクスピアを日本に紹介し、大御所となったわけです。坪内は非常に浄瑠璃風の文章を書きます。たとえば、『ジュリアス・シーザー』という作品がシェイクスピアにあります。有名なローマの皇帝のシーザーです。その作品名にこんな訳語を当てています。『該撒奇談（しいざるきだん）自由太刀余波鋭鋒（自由の太刀なごりのきれあじ）』（東洋館書店、一八八四年）と。すごい訳です、「自由の太刀、名残の切れ味」。ただ坪内さんと清沢先生は年齢が四歳違いますので、お互いが知り合うこともなかったようです。

　その英語学校で清沢先生が、どういう生徒であったかということは全く知られていません。ただ従弟に大井清一という方がおられますが、この方の回想によりますと、一四歳くらいの時に、岐阜である外国人の演説があったとき、通訳がいないので困っていたけれども、勧められて子どもながら天晴れな通訳ぶりを示して人々から称讃されたと。こういうエピソードが伝えられています。

　清沢先生は英語学校で、おそらく外国人というものを初めて目の当たりにした。入学が明治の七年でございますから。お父さんの永則さんが「これからは英語の時代だ」と見越したのでしょう。それで清沢先生は、この学校に入れといわれて入ったわけです。

　ところが、愛知英語学校はその後、廃校になって、清沢少年は、今度は愛知医学校に進みます。これは浄土真宗本願寺派名古屋別院の地にあったそうでございます。この東別院の近くだそうです。そこでドイツ語を学びます。しかしドイツ語を学ぶけれども家が貧しいということから学業を続けることができなかった。それで途中でやめて、退学せざるを得ないわけでございます。

　とにかく清沢先生はこのように外国語学校に入って英語を学ぶ、そして医学校に入ってドイツ語を学ぶ、ということです。これは清沢先生の精神形成において非常に重要な意味を持ちます。これは開明的な精神を育んだといっていいでしょう。

五、「士徳」に育まれた宗教的精神・母の残した求道的精神

士族の家に生まれて武士的精神を育むと同時に、外国に対して眼を開く、そういう開明的精神を身につけられる。清沢先生は、非常に論理的に物事を考える、そういう性格であります。その論理的な思考法はどこで身につけられたかというと、一つは外国語学習。日本語だけではちょっと身につかない。外国語を通しながら論理的なものの考え方、筋道を立てる考え方、そしてまた諸外国に眼を開く、そういう開明的な精神を身につけられた。

ところが、それに先立って、最も根幹となったのが、これは宗教的精神です。この宗教的精神は、尾張という真宗の繁昌地で、その「士徳」というもの、そういう尾張の宗教的伝統に育まれた。清沢先生のお家は代々真宗の門徒で、とりわけお母さんのタキさんという方は本当に熱心な真宗の念仏者でございました。そういう家庭に養育されて、幼少にして、清沢先生は『正信偈』『和讃』『御文』、そういうお聖教を拝誦する。そういう習慣を身につけられた。これも「心の習慣」をつけていく大きな要素になります。求道的で、そして理屈の通らないことを嫌う。そういう先生の性格は、これはこの家庭環境が大変に大きい意味がございます。

それで、清沢先生の、当時は徳永家でございますけれども、その徳永家の近くに大谷派の覚音寺がございます。私も昔お参りしましたが、大きなお寺でございます。境内には「我が信念　覚音寺

衆徒　清澤満之」と刻まれた石碑があります。覚音寺にお母さんはいつもお参りに出られた。その覚音寺に小川空恵さんという方がおられるのですが、この方が、回想して、「母上は無二の信者なり。予が寺に説教を開くる時には必ず参詣せられ、従つて家庭は極めて円満にして、和気靄々春風の如し。清沢氏の信念の厚きは、幼時、両親の薫陶の功多きに居れるか」[2]と述べておられます。お母さんはいつも聞法に来ておられたというのです。

しかも聞法のなかにも、「薄紙一枚のところがわからない」[3]。また、「はっきりわからぬ、わからぬ」と。こうお母さんはいっておられたと。お母さんは疑問を放っておくことはできない。それで、それを聞き続ける。いわば、この方は聞思の人なのです。このタキさんについては、暁烏敏先生が「先生の信心は、この母上の遺されし形見のやうに思はれる」といっています。[4]だから、清沢先生は子どもの時に、「わからぬ、わからぬ」というお母さんのそういう疑問を、宿題として投げかけられた。信心とは一体どういうものであるか、その問いを追求したところに生涯の歩みがあったと見ることができるわけです。

それで、清沢先生は一二歳の時に、愛知外国語学校に進んで、そしてやがてその学校が廃校になった。さきほど申した通りでございます。そして医学校に進んだけれども、その後、家が貧しかったので続けることができなかった。これ以上学業を続けることはできない。その才能を惜しんだのが覚音寺の小川空恵氏です。本願寺に行けば、当時、育英教校という学校で、奨学金を出して勉強させてくれる、それを清沢先生に勧めるのです。育英教校に行けば勉強させてくれるよ、と聞いて、清沢少年、当時は徳永満之助ですけれども、この清沢少年は、これで学問を断念するのはとても惜しい、何とか勉強を続けたいという一念で、覚音寺の衆徒になって上山して、得度いたします。そして「釈賢亮」という法名をいただくことになります。

このような経緯から育英教校に入学する。これは東本願寺の境内地にあったのです。そこに一六歳から一九歳までの四年間、在学します。英語と数学においては清沢先生にかなう人はいなかったといわれています。他の生徒と違って、在家のご出身ですし、年齢を重ねてから僧侶になったということで、暇さえあれば、声高に浄土三部経読誦の練習をして、クラスメイトからは「ビショップ」というニックネーム、キリスト教でいう「司祭」ですが、そういう愛称を献呈されたということです。

六、一生を貫く帰依三宝の精神

得度した折の清沢先生の心境は伝えられておりませんけれども、仏門に入った者としての、身の引き締まるような、そういう思いで頭を剃って、そこに強い菩提心が芽生えたと窺われます。そこには一生を貫く帰依三宝の精神があった。宗教的精神とは仏教的にいえば、帰依三宝の精神です。そういう菩提心が芽生えた、そういっていいかと思います。ただ、清沢先生ご自身はこんなふうにいっておられるのです。「自分はとても思うように学問のできない境遇にいたから、一生学問させてくれるというのが嬉しくて坊さんになっただけである。決して親鸞聖人や法然上人のような立派な精神で坊さんになったわけではない(5)」と。こう後年述懐しておられますけれども、ただそれは少し謙遜したお言葉だと思います。清沢先生自身は頭を剃って、衣を身に着けると、もう本当に身が引き締まって、いよいよ坊さんになるかという、そういう気持ちになられた。ひしとして、仏法に身を捧げるんだと、そういう自覚をお持ちになられたと思われます。「ビショップ」などというあだ名がつけられるほど一生懸命にお経の練習をされたのだろうと、そう思います。先生は数学とか英語なども非常によくできた。

ともあれ、東本願寺も偉かったと思います。当時、東本願寺にはお金はないのですけれども、留学制度をもって、そして東京大学へ送り込んでいたのです。明治の宗門は一面では、大変見識があったと思います。これから宗門を担うのは若い人たちだと、その若い人たちで将来性のある者は東京に送り込んで本当に勉強させようと奨学金を出す。そういうことを行っています。当時の宗門は、いろいろと世の非難も受けましたが、別の面では立派だったと思います。そこで先生自身も、一八八一（明治一四）年、一九歳の時に本山から東京留学を命ぜられて上京し、いわゆる東京大学予備門に入るのです。そして二年後の二一歳の時に、東京大学文学部哲学科に入学されます。

井上円了という方がおられます。清沢先生の先輩です。井上氏は、前は哲学館といったのですけれども、現在の東洋大学の初代学長です。この方は新潟県の長岡のご出身で、やはり宗門の留学生になって東京に出て、これからは哲学の時代だということで、哲学を専攻されました。その井上先生を清沢先生は若い頃非常に尊敬して、それで、井上先生が「哲学をやったらどうかね」といわれ、清沢先生も「じゃあやりましょう」と、哲学を勉強されるようになったということなのです。

七、大いなる気概、理詰めの体質

清沢先生は、東京大学に入った頃から、自ら「建峰」という号を名のられます。建峰という号は、名古屋から東京に向かうと富士山が見えます。富士山のあの高い、気高い、そして厳しい、そういう山の姿に自らをなぞらえて、つけられたのだろうと思うのです。これからは私は宗門を背負っていくんだというような強い気概とか自負心、そういうものが「建峰」という雅号に窺われます。

今でもそうですけれども、当時の東京大学の学生というのはエリート中のエリートでございます。私なんかはとても東大へ行ける頭はなかったのですが、一八八五（明治一八）年生まれの私の祖父は東大へ入りました。明治後半です。ある時、警官から職務質問をされた時に、「東京大学の学生です」といったら、「ご名誉なことで」と警官が頭を下げたと。それくらい、東京大学の学生というのはエリートだったわけです。

それで、明治の青年たちは気宇広大な自負心をもっていました。とくに東大生ともなると、天下国家を重んずる。「酔うては枕す美人の膝　覚めては談ず天下の権」といわれますが、非常に気宇広大なのです、当時の若者は。だからそういう戯れ歌もでてきた。もちろん清沢先生はそういう方ではなかったですけれども、明治の青年らしい大いなる気概をもっておられました。しかも理知的な気質の人です。二〇歳の時の日記を見ますと、こんな一節がございます。『予備門日記』の序文のところですが、

我が生れてより今日までは、既に二十年許りの歳月を経たり。是を日数にすれば、一年三百六十日とするも、七千二百日となり。又分秒にすれば、一千〇三十六万八千分となり、六億二千二百〇八万秒となる。実に広大なる者なり。然るに、其の間に為し得たる事は、唯だ身丈の延びたると、（誠に僅）脳質の変形したるのみ。

（「予備門日記」、『清沢全』第八巻、三頁）

と、こういうことを清沢先生はいっておられます。ここまで計算してやっと「ああ二十年というのはこれだけの時間なのか」と納得する。非常に理知的な、そういう性格の人です。司馬遼太郎という作家がおられましたが、この日記の一節を通して「かれは物事を芸術的直感で結論がさとれる体質でなく、キリで揉みこむような理詰めの追究のあげくに何らかの結論を得るにいたる体質である」[6]と、「清沢満之のこと」というエッセイのなかでいっておられます。これは見事な言い当て方だと思います。理詰めの追究の挙句に何らかの結論を得る、そういう体質の人であった。

そういう先生でありましたから、学生時代をすごした東京大学の寄宿舎でも、相手を理詰めに追い詰めていくというふうなことをよくやったのです。先生の親友に沢柳政太郎という、後には東北大学の総長もされた方がおられます。清沢先生の一年くらい後輩になるのでしょうか、その沢柳さんと議論して屁理屈で勝ったのです。そうしたら沢柳さんが癇癪を起こして、それならばこうする

といって耳を引っ張って机の周りを連れて歩いたというのです。しかし清沢先生は引っ張られるまま平然とどこまでもついていった。それが清沢先生です。

　そしてまた議論好きなのです。とにかく議論が好きで、もし先生に「趣味はなんですか」と訊いたら「議論です」と答えられただろうと思います。趣味は音楽とか山登りとか、そういうのではなく、議論。これは少し後のことになるのですが、京都に来てから、教団改革運動、いわゆる白川党の運動をやられますけれども、その頃に井上豊忠という同志の人がおられます。この人と議論したら、朝の九時から夕方の六時まで議論し続けたというのです。とにかく議論が好きでして、話が途絶えると机の上の本を手に取って「ここにこうありますけど、どうですか」と、つぎの議論の種をもち出す。そんな人だったそうです。

　しかも、負けず嫌いでなかなか参ったといわないのです。ある時、斎藤唯信という有名な宗学者と、教団改革運動をしていた頃に議論するのです。議論は平行線をたどり、もうらちがあかない。斎藤唯信という方がどういってもらちがあかないので、嫌気がさして紙片に一文を書いて清沢さんに渡した。どういうメモを書いたか。これは斎藤先生の回顧録に載っているので、私もそれを見て面白いなあと思ったのですが、「もうアンタにはかなわんな」と思って川柳を一首書いて献呈した。「清沢や何に喩へん箸箱のいくらなげてもかつた〳〵と[7]」と。だから、清沢さんのあだ名は「箸箱」なのです。投げても投げても勝った勝った（カッタカッタ）と音がするから。そういう川柳を記して、斎藤さんがその紙片を渡した。すると清沢さんは抱腹絶倒して大笑いしたというのです。それほど清沢先生という方は理論家というか、そういう理知的な人であった。

だから、議論するときに相手の反対のことを立てて議論しても勝てるというのが清沢さんの自信だったといわれます。ある命題を立てて喋った時に相手と反対側の立論をする。それで、反対の立論をしても勝てるかどうか。そういう実験をするのが清沢さんです。その先生が最後には何の弁解もしない人になられたのです。曽我量深先生が伝えるように、「自己を弁護せざる人」[8]となったのです。大したものです。

八、満々たる自負心の裏にある深い不安

そういう清沢先生でしたから、一騎当千のような満々たる気概と自負心の持ち主としてイメージされるのですけれども、ただそういう自信家として、先生を思い描くことはできません。その気概の裏にあったのは何であったかといえば、そこに苦悩が隠されている。この苦悩を見忘れてはいけないのです。だから、表には満々たる気概があるけれども、裏には苦悩が隠されている。学生時代の先生のメモを、西村見暁先生が『清沢満之先生』（法藏館、一九五一年）というご著書のなかで注意されていたのですが、「臆病な、自信のない、消極的な態度」（八二頁）、そういう紙片が残されているというのです。私はなるほどと思いました。東京大学学生というエリート中のエリートでありながら、若い日の先生の心の中には何があったかというと、深い不安なのです。深い不安感が隠され

ていたということです。それは「生の不安」といってもいいかもしれない。

これは、人間が誠実に生きようとすれば、必ず不安感というものはついて回ります。人間という存在は、「間（あいだ）的存在」なのです。「間」のなかを生きている。他人と自分とか、理想と現実だとか、相手と自分とか、あるいは生と死というように。そういう二つの間で宙吊りになっている。これが人間です。だから、人間として生きるということはそういう間（はざま）のなかに生きていくということなのです。それを誠実に間のなかに生きていこうとすれば、どうしてもそこに苦悩が出てまいります。そういう苦悩を生きようとする。つまり間、別な言葉でいえば〝あわい〟です。その〝あわい〟に生きればこそ、さまざまな不安から逃れることはできません。必然的に不安が生じる。その〝あわい〟に生きるゆえに、不安から逃れることはできないのです。さまざまな〝あわい〟のなかでも、とくに清沢先生にとっては生と死の問題が非常に大きかったように思います。清沢先生は昔の言葉でいうと「蒲柳の質」というのか、病弱な体質の方でした。丈夫の質というのではなく、蒲柳の質であったようです。

たとえば、若い時の『予備門日記』、今日のお話の最初に触れましたが、清沢先生の初期の日記です。これを見てみると、今日はお腹が痛くなったとか、今日は頭が痛いから体操を欠席したとか、その種の記事が時々出てまいります。清沢先生はけっして頑健な人ではなかった。後に結核にも罹りますけれども、それ以前から身体がそんなに丈夫ではなかった。それだけに、死とか生という関心をもっておられて、「死は生の母なり」[9]という言葉も日記に出てまいります。若い時から死という問題をよく考えておられた。そういうことでございます。

私たちは、生のみを考えて死の問題に眼をそらすけれども、死があってこそ生は生たらしめられる。これは清沢先生が生涯貫かれた関心です。だから、とくにエピクテタスというローマの哲人の思想に惹かれていくのです。エピクテタスは「door is open」、「死の門はいつも開いている」という。「死の門はいつも開いている」ということは、私はいつでも死を引き受けますという意味なのです。私は死がおとずれたらそれを引き受けますと。『臘扇記』のなかにある「生ノミガ吾人ニアラス、死モ亦吾人ナリ[10]」という有名な言葉も、その思想と関連します。

死の問題は、結核に罹ってからいよいよ直面していくことになりますが、それ以前の、すでに若い時から清沢先生は関心を寄せておられたということがわかります。

そういう意味において、非常に理知的な学問である哲学を専攻しながら、生死の問題を離れなかった。近代に入って日本に西洋の文化が一挙に流入した時に、「これからは哲学の時代である」といって井上円了先生をはじめ多くの方々が哲学をされ、清沢先生も哲学を勉強するわけです。一九歳の時に、東京大学予備門に入学して、とくにヘーゲルの講義が一番面白かったと回想している。フェノロサのヘーゲル講義を通して、ヘーゲルに非常に関心をもっていかれた。それで、井上先生と哲学会を組織して、『哲学会雑誌』なども創刊しております。

やがて大学院に入るのですが、とくに清沢先生の専攻されたのは宗教哲学です。これを専門になさいます。これにはやはり宗教的関心が背景にあります。生の不安というものを抱えている。この生の不安を抱えればこそ、その解決を求めて思索する。そういうことが清沢先生が哲学を専攻した背景にあったわけでございます。

九、宗教の主体的・求道的・思想的研究

そういうなかで、宗教を哲学として学んでいかれるわけですけれども、宗教一般ではないです。清沢先生の宗教哲学での主要な関心は、仏教、そのなかでもお母さんを通して出会った真宗の信仰です。だから、宗教哲学の研究といっても、宗教的現象の客観的研究とかそういうものではない。今の宗教学はそういう宗教現象の客観的研究が多いと思いますが、そういうものではなくして、浄土真宗として伝えられた仏教、その宗教の主体的・求道的・思想的研究なのです。これがやがて清沢先生の『宗教哲学骸骨』という著作になって結実していく。

だから、生の不安に突き動かされて、心の要求として取り組む、そういう研究をされる。不安な人生を生きればこそ、心が安んじていける、確かな安心というものを求められた。

そういう生の不安というものに突き動かされて、心が安んじていける安心が求められる。安心は何によって得られるか。お金によっても得られるかもしれない、あるいは社会的地位を得ることによって、これで安心だということになるかもしれない。しかし、生と死の問題については、お金とか社会的地位によっては、そこで安心はなかなか得られない。相対的な安心ではなく、絶対的な安

心は得られない。

　そういう本当の意味での根源的な安心の生まれる源として、信仰という問題がございます。それで、清沢先生が不安な心の帰依処として求められたのが浄土真宗の信仰です。これはお母さんから与えられた宿題です。「宗教は迷悶せるものに安慰を与ふるものなり、迷悶なき人には宗教は無用なるものなり[11]」と。後の『精神界』に載った文章ですけれども、「迷悶者の安慰」という論稿でそのようにいっておられます。安心を「安慰」という言葉、「安らかな慰め」という言葉で表現しております。

　この「不安」という言葉は、実はあまり日本では使われなかった言葉ですね。それを使うようになったのは、西洋のキェルケゴールという人です。それが『不安の概念』という論文です。不安とはある面で近代的な概念です。ところが、不安は人間が生きている以上、それから逃れることができません。時代を超えて人間につきまとってくる意識、これが不安です。

　その中世での不安に対して応えたのが蓮如上人ですね。蓮如上人はとくに『安心決定鈔』、この書物を非常に大切にされます。安心を「アンジン」と読む。

　四十余年が間、御覧候えども、御覧じあかぬ（中略）金をほり出だすようなる聖教なり
（『真宗聖典』九〇二頁）

『安心決定鈔』という書物、これは浄土宗の西山派の書物ともいわれますけれども、四十余年間、これを読んだけれどももう読み飽きることがない、黄金を掘り出だすような聖教だ。『御一代記聞

書』という蓮如上人の語録がございますけれども、そのなかでそのように蓮如上人は『安心決定鈔』を讃えておられます。ご承知のように、『御文』を読むと「安心」という語が何度も出てまいります。

現代の安心《あんしん》とはちょっと違います。安心《あんじん》というと宗教的な安心です。蓮如上人は、安心は念仏の信心によるといわれます。親鸞聖人は安心なんて言葉はほとんどお使いになりません。ところが蓮如上人は安心という言葉をよくお使いになります。それは、蓮如上人が生きられた室町時代、戦乱とか飢饉とか疫病とか、もう毎日のように続いている。不安でしようがない。ある意味では庶民にとっては止めようがないのです、戦乱も飢饉も疫病も。そうした時にどうやって心の決定というか、決着をつけるか。それはやはり真宗の信仰による。その真宗の信仰を「安心」というわけです。「安き心」ともいわれます。「安心という二字をばやすきこころとよめる」「あら、こころえやすの安心や。また、あら、ゆきやすの浄土や」（『真宗聖典』七八五頁）と『御文』（二帖目七通）でお説きになっている。そういう意味において、安心という言葉を蓮如上人はお使いになられます。

蓮如上人の後、今度は三〇〇年経って清沢先生が出てくるわけです。日本は近代に入りますけれども、この近代も激動の時代、不安な時代です。幕末から明治維新にかけて、本当に日本の社会変動はものすごいものがございました。身分というようなものの意味もなくなってしまう。戦争が絶え間ない、そのような本当に不安な時代でした。

その上、とくに清沢先生の場合には結核にやがて罹ります。結核という病気は、ある面で近代的不安の源です。近代的な不安は結核に象徴されると思うのです。今は結核といっても薬の治療で治るわけですが、当時は結核とか肺病というと大変な病気でした。不吉な病気で遠ざけられる。結核患者のいる家の前を通る時には口を塞いで通ったとか、そういう昔話を聞きます。清沢先生は結核に罹られて、いつも死を意識しないといけない。それは少し後になってからですけれども、しかし、お若い時から社会の問題や自分の健康の問題等々を通して、不安を抱えながら生きておられたということがあります。

一〇、清沢先生の僧伽への祈り

そういう不安に生きるなかで大きな安心をもたらす場所、そういう心の帰依処、これがやはり清沢先生にとってはどうしても必要なことでした。それが真宗の念仏の信心ですよね。念仏の信心であり、そしてその信を伝えてきた本願寺の教団です。心の帰依処、そこにおいて初めて安心が得られる。だから、清沢先生はご承知のように、やがて教団改革を宗門に起こすわけです。宗門がなぜ大切かというと、親鸞聖人の念仏の信心を伝えてきた場所だからなのです。

それで、宗門について、こんなふうにいっておられます。

況んや大谷派本願寺は、余輩の拠て以て自己の安心を求め、拠て以て同胞の安心を求め、拠て以て世界人類の安心を求めんと期する所の源泉なるに於てをや。

（『清沢全』第七巻、四頁。『清沢集』一七〇頁）

これは「教界時言発行の趣旨」という、『教界時言』の巻頭に載せられた論文の一節です。宗門とは何であるのかというと、万人の上に信心を聞く親鸞聖人の立教開宗の精神にあるといわれる。場所は誰にとっても大切ですが、とくに仏教においては場所は非常に重要な意味を持ちます。その場所とは僧伽ということです。さきほど、三帰依文を拝読し、仏に帰依し、法に帰依し、僧に帰依すると表白しました。僧に帰依するといってもお坊さんに帰依するという意味ではないのです。僧に帰依するとは僧伽に帰依する。宗教共同体、そういう場に帰依していく。だから、仏教はその三つがあって初めて「教」といえるのです。

人間は場がないとダメなのです。その場を最も具体的に表しているのが宗門です。宗門が本当の意味での僧伽の質をもってほしい、それが、清沢先生の宗門改革運動の大きな願いでした。僧伽としての宗門の回復という願いがあるのです。

この宗門こそ、不安な時代に生きている私たちの心の帰依処でなくてはいけない。僧伽でなくてはいけない。それは清沢先生の祈りです。それに破れていくことにもなるのですけれども、しかし、そのような祈りをもたれた。そういう心の帰依処としての僧伽を念じて、不安な時代を生きる、不安な人生を生きる、私たちの心の帰依処として、僧伽という意味をこの本願寺の上に先生は求められたわけです。

一一、何によって「不安に立つ」か

それで、この不安ということ、これは中世には中世の不安があり、近代には近代の不安があります。とくに清沢先生は社会変動が激しかった近代の初頭に生きて、とりわけ生死の問題に苦悩されたわけです。しかも、生死の問題から逃げるのではなく、そこに立たれた。これについて、先生は後に、「独立者ハ常ニ生死巌頭ニ立在スベキナリ」(12)といっておられます。『臘扇記』という日記のなかの一節にそうあります。

生死巌頭になぜ立てるか、これは他力の安心をいただいているからです。他力の安心をいただいていればこそ生死巌頭に立てる。そこにいわゆる安心立命がある。

そういう意味で、清沢先生は、不安な人生、不安な時代のなかに一つの安心を獲得され、そしてそこに立たれた方であると。清沢先生が亡くなられて一一〇年ですね。私たちが生きているのは近代ではなく現代でございます。現代になって、では不安の問題が解決したかといいますと、けっしてそんなことはございません。不安な現実は変わることがございません。むしろその不安は、中世や近世、あるいは近代よりも現代においてますます深くなってきているといってもいいかと思います。

ところが、私たちはどうであるかというと、不安な現実を直視しないで、不安な現実からむしろ逃げていくという方向を取っております。どうやって逃げるかというと、レジャーを楽しんだり、買い物をしたりしながら不安な現実から逃げ、眼をそらしていく。そういうのが私たちの日ごろの対処の仕方だと思うのです。ところが、レジャーでも買い物でも、帰ってくればまた現実に戻るわけです。不安な現実に戻ってしまう。気晴らしするけれどもまた戻ってしまう。

ご承知のように、この名古屋教区ではさきの親鸞聖人の御遠忌、七五〇回忌にあたって、教化の運動方針として「不安に立つ」という教化方針に立たれております。この「不安に立つ」というテーマ、これは不安から逃げるのではなく、不安に立っていこうというわけですが、では何によって立つことができるか。これはもう信心においてしか立つことができない。「不安に立つ」という標語は、そういうメッセージです。そういうことを伝えなければ、この別院の意味もないわけです。何によって立つか。信心において立つ。「不安に立つ」というけれども、不安の現実に何によって立つことができるかというと、信心において立つことができる。これが、清沢先生が近代に教えてくださったことではないかと、こう思うのです。

もう時間でございます。ご生誕一五〇年ということで、本日は清沢先生の、主に因位時代のお姿を憶いながらお話をさせていただいたことでございます。

註

（1）金子大榮『歎異抄領解　歎異抄聞思録（上）』コマ文庫、一九七八年、三四頁。

(2) 法藏館版『清沢全』第一巻、五一七～五一八頁。
(3) 西村見暁『清沢満之先生』法藏館、一九五一年、一九頁参照。
(4) 法藏館版『清沢全』第一巻、五一七頁。
(5) 西村見暁『清沢満之先生』法藏館、一九五一年、二九頁取意。
(6) 司馬遼太郎『歴史と小説』集英社、一九七九年、一一五頁。
(7)『松堂九十年史――斎藤唯信遺稿』四二頁。
(8) 法藏館版『清沢全』第八巻、二八八頁。
(9)「生と死」、『清沢全』第四巻、一六〇頁。
(10)『臘扇記』第二号、『清沢全』第八巻、三九二頁。『清沢集』四八頁。
(11)「迷悶者の安慰」、『精神界』一九〇二年一月、『清沢全』第六巻、八四頁。『清沢集』一一三頁。
(12)『臘扇記』第二号、『清沢全』第八巻、四二五頁。『清沢集』六二頁。

解説

真宗大谷派教学研究所研究員　名和達宣

安冨信哉先生は、一九四四年二月一四日、新潟県村上市にある真宗大谷派光濟寺の長男として誕生された。地元の村上高等学校から早稲田大学第一文学部（英文学専修）へ進学し、卒業後は宗門大学である大谷大学大学院（真宗学専攻）に入られた。その後、大谷大学専任講師、米国ウィスコンシン州立大学仏教学客員研究員、大谷大学教授、真宗大谷派教学研究所長等を歴任し、また二〇一〇年には光濟寺の第一六世住職を継職されている。日本国内のみならず、海外での研究生活で培われた経験をもとに、グローバルな視野と柔軟な姿勢をもって研究に臨まれ、数多の業績を残されたが、二〇一七年三月三一日、真宗大谷派の東六条役宅で七三年の生涯を閉じられた。

早いもので、安冨先生が急逝されてから二年の星霜を経た。本書は先生の三回忌を記念して、『清沢満之と個の思想』（法藏館、一九九九年。以下『個の思想』）以降に発表された清沢満之関連論稿を集めた一冊である。論文篇・講演篇各五本（計一〇本）から成り、両篇とも時系列に並べた。論稿の選抜と編集は、マイケル・コンウェイをリーダーとして、西本祐攝、冨岡量秀、後藤智道、相馬晃、川口淳、光川眞翔、難波教行、名和達宣という、大谷大学もしくは真宗大谷派教学研究所に勤務する安冨ゼミ同窓生によって結成した「安冨信哉先生三回忌の集い実行委員会」が当たった。

著者はすでにこの世を去られているが、幸いに委員会メンバーのなかには、先生在世時に著書の編集を手伝ったことのある者がいたため、その時の編集方針にのっとり、作業を進めていった。何か検討事項が見つかれば、「安冨先生なら何と応えられるだろう」と憶いをめぐらしながら、メンバー間で議論を重ねた。生身の先生はおられないが、編集期間中、誰もがその臨在を感じていたのではないかと思う。校正や典拠の確認などの実務的な作業には、コンウェイの監修のもと、光川・川口・名和の三名が当たった。明らかな誤字脱字、また講演録における口語表現の調整や表現・変換統一、さらには典拠との整合にともなう齟齬等はやむをえず手を加えたが、論述（思想）内容に関わる部分には、原則として手をつけていない。もしも不備や見落とし等があれば、一切はわれわれの責任である。

なお、本書の題名『現代思想としての清沢満之』は、「序にかえて」にも記されているように、収録論文の一つから採った。結果的にその論文が、先生にとって最後の清沢関連論稿となったことに加え、清沢を「現代人のあり方」に問い直しを迫る「同時代的《コンテンポラリー》な思想家」として見ることは、全論稿に貫かれた視座であると受け止めたためである。

収録論稿の初出年や掲載誌等は、各章の冒頭に付したリード文および巻末の初出一覧に示しているため、ここでは筆者の見地から読み取った各論文・講演録の要点と研究史的意義を確かめたい。各論稿の「解説」文にかぎり、あらゆる敬称・敬語表現を省略する。

Ⅰ　論文篇

①清沢満之の公共思想（5～23頁）

清沢の思想（「精神主義」）に対する「社会性が欠如している」との批判を起点に、「公共」をキーワードとして清沢の社会思想に関する考察が展開されている。

具体的には、清沢が病気のなか、宗門の願いに応えて再上京をした一八九九年から翌年にかけて著した『有限無限録』『転迷開悟録』等のなかに見られる《公》《公共》《公共心》について考究がなされている。それらの言説が「身体の公性」を語るものであることや、上京後に見た「社会の公徳が見失われ、Selfish Egoism が跋扈している現実」を受けたものであるという洞察は、従来の研究では必ずしも明示されてこなかった視点である。また、そこから「公に生きる」ことの意義がたずねられ、清沢のいう「秩序的公共主義」は、「個人のために国家が無視されるものでも…国家のために個人が無視されるものでもない」とされる。そしてそのような公共心を育むためには宗教心、すなわち「絶対無限への関心」を育てなければならないとして「修養」が重視されていたこと、さらには清沢が何よりも大事にしていたのは「同情」であった点が確認される。そうして最後には、清沢のいう「公共」には「自律性と協同性」という人間の生き方の基本が示されていると指摘されるとともに、「公に生きる」とは「仏意に随順すること」にほかならず、それゆえ「公共」は宗教において初めて成立すると結論づけられる。

②清沢満之における念仏——自己回復への道（25〜38頁）

清沢に対する「念仏を軽視した」との批判や疑念を起点に、清沢と念仏との関係がたずねられる。そのテーマに関する研究は、これまでにもいくつか出されているが、本論文において画期的なのは、清沢が毎朝の日課として「正信念仏」を実行し、「念仏申す」ことを一日の始まりとしていたことに着目したうえで、日本浄土教における「念仏為本の伝統」——源信・法然・親鸞——を承けていることが指摘されている点だろう。そして清沢が最晩年の信念を吐露した「他力の救済」が「白鳥の歌」（スワン・ソング）と呼ばれつつ、それが清沢の「六字釈」、すなわち「正信念仏による自己回復の風光」についての証言として受け止められている。この論文でも、最後に「近代日本人における自己喪失」という現代的問題が取り上げられ、その意味において「自己回復への道」を念仏の正信に求めた清沢は、私たちにとってつねに「信仰の鏡」であり続けると提唱されている。

本論文が収録された『新潟親鸞学会紀要』は、安冨の故郷新潟で二〇〇三年に「現場に身をすえ、地方ならではの自主的な学びを創造していくこと」を願って結成された学会の機関誌である（『新潟親鸞学会紀要』創刊号参照）。安冨の著作において、故郷への想いは必ずしも表面には現れていないが、生涯を尽くして研究を続けるなかで、つねに——背徳感のような情感とともに——にじみ出ていたように思う。それは親鸞における「海」の意義や、曽我量深・金子大榮といった同郷の先学の思想をたずねた諸論稿のなかで多分に感じられるが、ここで「念仏」および「自己回復への道」がテーマに掲げられた根底には、故郷、すなわち自己のルーツを希求する想いが流れていたのではないだろうか。逝去後に発行された同紀要の第一二集（二〇一七年六月）にも講演録が掲載されているが、そのテーマは「彼岸の世界――浄土に聞く」であり、「懐かしき魂の郷里」（金子大榮）、「未来の故郷」（中島みゆき）としての浄土の意義がたずねられている。

③宗教的「個」の課題――「精神主義」における自己と他者（39～63頁）

鈴木大拙の清沢生誕一〇〇年における記念講演（「清沢満之は生きている」）において、清沢の著作における「我」という語の重要性が指摘されていることを受けて、「我と他者」の問題が「宗教的「個」」という安富一流の謂いをもって考究されている。ここでも「精神主義」に対する「他者との対立をそもそも予想しない（中略）負としての個」（松本三之介）、「「内への沈潜は他者へ向いうるか」（末木文美士）といった問題提起が取り上げられ、「私自身は、この二つの観点についてコメントする用意は不足している」と断りつつも、「清沢において個はどのようなものとして形成され、またその個がどのような性格をもつものであったのか」が確認されていく。その内容は『個の思想』を自らたずね直したものではあるが、同書の結び（「結　精神主義の遺産」）で示された課題を起点とした考究である。そして、前著よりも「他者」や「宗教と倫理の葛藤」といった視座が強調・明言化されており、新たな展開を企図したものであったと窺われる。それは先述の問題提起、とりわけ末木による「内への沈潜は他者へ向いうるか」という問いかけと対峙したからこその言説だろう。この末木の問いは、筆者も含め、近年の清沢研究においても繰り返し論究されているが、真宗学の立場より先駆的に対峙した研究として本論文を位置づけることができよう。

④明治中期における宗教と倫理の葛藤――清沢満之の「精神主義」を視点として（65～81頁）

先の論文（Ⅰ―③）のなかで示されていた「宗教と倫理の葛藤」という課題に特化して「精神主義」の思想的意義が考究されたものである。まず、仏教界を含んだ明治期の社会全体に浸透していた「宗教は道徳的・倫理的なものでなければならない」という風潮を押さえたうえで、清沢独自の立場が確かめられていく。そこにおいてとくに注目されるのは、武士の家に生まれ、「儒教的エートス」を生来もっていた清沢が、「倫理的に非常に厳格な人」であったという点である。そしてその厳しさが、禁欲生活の実行となり、生涯保持した「修養」の実践になった、すなわち「倫理性と宗教性の緊張関係の厳しさのなかに清沢の信仰（信念）はあった」というのである。

本論文でさらに重要なのは、清沢の「精神主義」が、「倫理から宗教へ」という方向性だけではなく、「宗教から倫理へ」という方向性をも内包していると指摘されている点である。つまり、清沢は宗教の立場を「倫理以上」と表現し、宗教が倫理に対して別天地を開くものであると明らかにしたが、だからといって「無倫理（倫理的アナーキズム）」に陥っていたわけではなく、「宗教的信念確立の後に、もう一度倫理の立場に戻ること」を説いたといわれる。そのことが『臘扇記』の言葉を通して、「避悪就善の実践」としての「修養」であったと了解される。

この考究もまた、同時代より近年の研究に至るまで、直弟・暁烏敏の「精神主義」言説に対して投げかけられてきた批判が想定されたものである。「宗教から倫理へ」という方向性は、著者自身が認めるように、清沢において（とくに「精神主義」の時代には）必ずしも十分に開陳されなかった視座であるが、従来あまり注目されなかった視点であるとも指摘される。そうして「精神主義」が目指した地平を理解する上で欠かせない一点ではないか」との問いかけをもって結ばれる。

⑤現代思想としての清沢満之――そのカレイドスコープの一視角から（83〜103頁）

全体のタイトルにも採用した論文であり、本書のなかで総論的な位置を占めるものである。はじめに『清沢満之――その人と思想』の共編者・藤田正勝や、新版全集の編纂に中心的に関わった今村仁司の言葉より「アクチュアル」「現在の時点において」「同時代的《コンテンポラリー》」といった視座が導き出される。そして藤田の著した『現代思想としての西田幾多郎』（講談社、一九九八年）にならいつつ、「精神主義」に代表される清沢満之の思想を、「近代（過去）の思想としてだけでなく、現代にも意義ある有効な思想」として試考すべく「現代思想としての清沢満之」という題目が掲げられる。

本論は大きく三部に分かれる。まず「一、私の「精神主義」研究」では、清沢とその後継者たちの伝統、とくに自らが学んだ大谷大学における「自己を問え」「自己を通してものをいえ」という伝統が、具体的な経験に基づき確かめられる。そして清沢を、明治という時代の空気を呼吸しつつ、宗教に自己のあり方を求めた「宗教的「個」」であったと見据え、そのような人として見るところに「私自身の「精神主義」研究の基調」が形作られたと確認される。続く「二、研究に見出されたこと――宗教的「個」の思想として」では、「「負」としての個」「類的普遍と重層する個」「主体的自覚に獲得される個」「無限に対応する個」と、多角的に「個」の位相がたずねられる。そして「三、「精神主義」再考の諸点――倫理問題を手がかりに」では、近年の研究における浩々洞同人の解釈が加わった「精神主義」への批判的な眼差しを意識したうえで、清沢の「プロト(原)「精神主義」」が探究されていき、先の論文(I―④)でも示されていた「倫理から宗教へ/宗教から倫理へ」という二つの方向性や、今日的な視点として「精神主義」が「着地の思想」であることが確かめられる。そして個人の内面性が重視されながらも、その「個」は脱社会的・孤立独存的なものではなく、「関係的「個」」として認識される点が強調される。以上のような意味において、「清沢的「個」」あるいは「清沢的「精神主義」」は、現代を生きる私たちの「メルクマール」になるというのである。

なお、筆者はこの論文の出稿前に、安冨より意見を求められ、僭越ながら「精神主義」研究の基調に最も深く関わったと思われる直接の師に言及することを進言した。そうして補足されたのが「大学院のゼミでは、曽我師の直門である松原祐善先生にご指導いただいた」という一文である。

Ⅱ　講演篇

①清沢満之と「精神主義」(107～131頁)

清沢没後一〇〇年を見据え、真宗大谷派教学大会において掲げられたテーマ「「精神主義」と現代――清沢満之の精神主義」を受け、改めて「精神主義」をめぐって提言された講演録である。「精神主義」が、「清沢先生自身が自分の苦難のなかで闘いとった他力の信心を、明治近代の言葉で再表現したもの」であること、より具体的には「時機の自覚」に立って親鸞の信仰を現代社会のなかで公開しようとしたものであることや、方法的には「自己内観的な方法」をとるけれども、けっして個人の埋没という逃避的な傾向ではなく、むしろ「他者に向かう能動的な精神」を含んでいる点などが強調される。そして最後には、「精神主義」は「時機相応の教学」であると同時に、「本来の自己」へ心機を転じようとする「回心・転機の教学」であると、独特の見解が表明される。安冨における「精神主義」の基本視座を知るための入門篇として、最も適した論稿の一つといえよう。

②個立と協同――石水期・清沢満之を手がかりとして（133～154頁）

安冨は、清沢の没後一〇〇年を機に刊行された新版全集（岩波書店、二〇〇二～二〇〇三年）において、第二巻「他力門哲学」の編集を担当した。本講演は、その経験から見出された視座をもとに「個立と協同」というテーマで話されたものである。清沢の生涯において「石水」という雅号を名のり、垂水（神戸）の地で結核療養をしていた時期、いわゆる「石水期」の思索に注目した画期的論稿といえよう。それまでは必ずしも踏み込んだ考究のなされてこなかった『他力門哲学骸骨試稿』や『在床懺悔録』のアウトラインを明示した論稿としても貴重であり、藤田正勝が法藏館より刊行した現代語訳シリーズとともに、次世代の研究者による新たな研究を導いた。

「個立と協同」というテーマをめぐっては、〈個の確立〉も〈協同への展開〉も、清沢においては原理的に「無限観」と重なる点が強調されている。すなわち、石水期の出来事として「自力の迷情を翻転し」と回想されるのは、理性によって立った「個」が他力の信心によって立った宗教的「個」へと転回したことを意味すると了解され（その根拠は阿弥陀仏）、「主伴互具」「万物一体」等と表現される〈協同〉は、その根拠が浄土にあることが、石水期の著作を通して確認されている。そして〈個立〉の問題の具体性は、石水期後半から『阿含経』の釈尊伝に親しみ、『エピクテタス語録』を座右に置いていたこと、〈協同〉の問題については、石水期後半から宗門改革運動に挺身していったことに注意する必要があると提言されている。

③近代と真宗——宗教的「個」の系譜（155〜176頁）

宗祖親鸞聖人七五〇回御遠忌に際して刊行された「シリーズ親鸞」の第九巻『近代日本と親鸞——信の再生』（筑摩書房、二〇一〇年）を執筆したことを機に、「近代と真宗」というテーマが掲げられ、そのことが具体的な人物に焦点を当ててたずねられていく。最初に、近代（とくに日露戦争以降）の日本人の心を支配していた「種と個」というパラダイム——国家のために個が圧迫・無視され、仏教も国家のために必要とされる風潮——が指摘されたうえで、個の立場を大切にし、仏教を自己として復興させようとした人として清沢が取り上げられる。そこにおいて重点が置かれるのは、清沢が見出した自己は「能動的自己」であり、「関係性のなかに顕れる自己」、つまり自己の省察は必ず「他者に対する暖かい思いやりの心を発揮する」ということである。

本論稿において斬新なのは、清沢を通して「宗教的「個」」の基礎が確かめられた後、その系譜に連なる人として、高木顕明と佐々木月樵の生涯および思想がたずねられている点である。すなわち高木は、自他差別を超えた「共に」という地平を生きた人として光が当てられる。一方の佐々木は、「種の論理」を超えた「普遍なる（類の）論理」を大切にした人として光が当てられ、大谷大学の仏教学・真宗学に「人間的なもの」を回復していこうとしたところにその志願があったと確かめられる。

最後に、清沢・高木・佐々木という三人の先覚者には、尾張・三河の宗教的風土、すなわち「土徳」を感じずにはいられないと告白されるが、この三者に光が当てられたのは、愛知県（同朋大学）で行われた講演であったためだろう。そして真宗の学びは教理の学ではなく「「人《にん》」の教学」であるとの言葉をもって締めくくられる。「真宗の学びは、「人」を離れてはない」というのは、安富における教学の基本視座であり、二〇〇九年に行われた大谷大学退職記念講義の題目も「「人」の教学」であった（安富信哉先生〈聞慶院釈信哉〉追悼会記念冊子『「人」の教学』二〇一七年参照）。

④人間成就の教育——清沢満之の教育観（177～202頁）

清沢と教育をめぐっては、『個の思想』中に同タイトルの一節があるが、本講演はそこでの考究内容に基づいて話されたものである。対象が真宗大谷派関係学校の校長であったことや、宗祖親鸞聖人七五〇回御遠忌を機縁とする会であったことを意識して話されたものと窺われる。清沢の教育者としての歩みをたどっていくなかで、とくに「修養」という語を重視した点が強調されている。また門弟と結んだ浩々洞が、ソクラテスの教育法にならい、「対話」を中心とする人間教育の場であったことや、国家の教育勅語体制、あるいは宗門が真俗二諦を宗義とする状況下で、清沢が学監を務めた真宗大学が「本願他力の宗義」に基づき「自己の信念の確立の上に其信仰を他に伝へる即ち自信教人信の誠を尽すべき人物」――「独尊子」ともいわれる――を育てる「浄土真宗の学場」であったことが確認される。

安冨はこの講演録の抜刷を、大谷大学に勤務することになったゼミ生へ贈っていたという。

⑤今、清沢満之に憶う――生誕一五〇年にあたって（203～230頁）

真宗大谷派名古屋別院で（名称を変えつつ）一二〇年あまり続く「信道講座」において講演されたものである。安冨は一九八九年より約三〇年間、毎年のように本講座へ出講していたが、清沢の生誕一五〇年に当たる二〇一三年の六月（清沢の祥月）開催であったために、この年は清沢に思いを馳せた講演がなされた。とくに従来はさほど光の当てられてこなかった、名古屋で生まれてから京都の育英学校に入るまでの時代――「因位の時代」と呼ばれる――に注目し、士族の家柄からくる武士的精神や、「土徳」に育まれた宗教的精神、母の残した求道的精神、さらには一生を貫く帰依三宝の精神と、独自の切り口よりその生涯がたずねられていく。最後には「因位の時代」の清沢の心のなかには深い「生の不安」があったと指摘しつつ、不安な時代だからこそ、この宗門は「心の帰依処としての僧伽」でなければならないと念じていたことが確認される。

なお、本講演ではことに清沢の求道的精神（信仰）が「お母さんから与えられた宿題」である点が強調されているように見受けられる。かつてある門下生に「清沢先生の師（善知識）はお母さんでしょうか」と問いたずねられたとき、安冨は即座に首肯したという。幼少のころ、母に手を引かれてお寺へ参ったこと、その手のぬくもりを通して感じ取った愛情に、清沢の生涯を貫く「安心」の源泉を見出していたと、問いを投げかけた当人より伝え聞いた。

おわりに

以上、ごく簡単ながらも、本書に収録の各論稿において重要と感じられたところを確かめてきた。全体を通して際立っていたのは、『個の思想』からの展開として強調された「宗教的「個」」の公共性・他者性と、種々の批判をくぐって明言化されるに至った「宗教から倫理へ」という方向性だろう。これらは、いうなれば「自他との対話」を通して再確認された視座である。

それに加え、今あらためて気づかされるのは、清沢の没後一〇〇年以降、その研究動向として隆盛したのは、初期の哲学論稿を重視した研究であり、晩年に門弟とともに展開した「精神主義」は否定的に扱われることも少なくないが、安冨先生において清沢の思想は、つねに「精神主義」と呼ばれている点である。石水期の『他力門哲学骸骨試稿』等に注目した論稿（Ⅱ—②）においても、けっしてその時期だけを切り取り、哲学的な論理構造に拘泥するのではなく、そこから具体的な現実へと展開していく方向性、すなわち清沢の生涯を貫く、「精神主義」へと至る道が示されていた。近年では「精神主義」は門弟の解釈が混ざっているために「フィクションであった」と指摘する声も聞かれるが（山本伸裕「清沢満之評伝」、『清沢満之と近代日本』付録）、安冨先生にとって「精神主義」とは、具体的な「人」との出遇いを通して感得した、きわめて「アクチュアル」な思想であった。

そして「精神主義」の意義をたずねるとき、その大半において、門弟との対話や「教育」という視点が重視されていたように思われる。想い起こせば、親鸞研究においても先生は、法然門流という視点からの考究を大切にされており、何よりも師弟の対話を尊重されていた。そしてそれは生活の現場においてもいえることであっただろう。

長きにわたって清沢研究を牽引してきた安冨先生の門下からは、同じく清沢の研究に取り組む学徒が多く誕生してきた。ところが、実のところ筆者自身は、大学院で安冨ゼミに所属しながらも、直接的にはその指導を受けておらず、それどころか先生に対しては、距離を置き続け、背を向け続けてきたように思う。ゼミを巣立った後、思わぬ縁から清沢研究に取り組むこととなり、必然的に先生の研究とぶつかったが、不遜にも、つねに「乗り越えるべき先行研究」として対峙してきた。そして亡くなる直前の頃に至ってようやく、少しばかり清沢や近代教学をめぐって議論を交わす機会を得た。

このたび本書の編集および「解説」執筆の機会を頂戴し、何度も何度も先生の論稿を読み返したが、読むほどに、浅学無知の私にはとうてい及ばない、圧倒的に深く広く、今もなお最先端の清沢研究であると知らされた。そして反逆者であり続けた私が、先生の論稿を「解く／説く」ことなど、あまりに不適任で大それたことであると、文字通り痛感した。それでも先生の論稿を通して見出されたことをしたため、死別していよいよ感得した恩徳に、わずかながらでも報わせていただこうと努めた。不肖の門下生にできることは、わが身に教えられたことを解き明かすことよりほかにない。そして、先生が提起された問い、遺された課題は、一人ひとりの「自己」の身上において展開していかなければならないだろう。

拙稿を結ぶにあたり、まず本書の刊行をご承諾くださった安冨裕美子御夫人に厚く御礼申し上げたい。また、われわれ実行委員会を支えてくださった安冨ゼミ同窓生の会「三帰会」の諸先輩方、ご著作のオマージュを快くお許しいただいた藤田正勝先生、解説をまとめるにあたり貴重な情報をご提供くださった新潟親鸞学会事務局長の富沢慶栄氏、真宗大谷派名古屋別院の小笠原直広氏、田中智教氏にも御礼申し上げる。そして出版状況の厳しいなか、本書の出版をお引き受けいただいた、西村明高社長をはじめとする法藏館の皆様、なかでも、随所で貴重なご助言をいただくとともに、最後の最後まで、ご迷惑とご心配をかけ続けた編集担当の満田みすず氏には、格別の謝意を申し上げたい。

初出一覧

Ⅰ　論文篇

清沢満之の公共思想
「清沢満之の公共思想」（『真宗研究』第四八輯、二〇〇四年）。

清沢満之における念仏――自己回復への道
「清沢満之における念仏――自己回復への道」（『新潟親鸞学会紀要』第二集、二〇〇五年）。

宗教的「個」の課題――「精神主義」における自己と他者
「宗教的「個」の課題――「精神主義」における自己と他者」（『日本の哲学』第八号、二〇〇七年）。

明治中期における宗教と倫理の葛藤――清沢満之の「精神主義」を視点として
「明治中期における宗教と倫理の葛藤――清沢満之の「精神主義」を視点として」（『場所』第一〇号、二〇一一年）。

現代思想としての清沢満之――そのカレイドスコープの一視角から
「現代思想としての清沢満之――そのカレイドスコープの一視角から」（山本伸裕・碧海寿広編『清沢満之と近代日本』法藏館、二〇一六年）。

Ⅱ 講演篇

清沢満之と「精神主義」

「清沢満之と「精神主義」」(『真宗教学研究』第二二号、二〇〇一年)。

個立と協同――石水期・清沢満之を手がかりとして

「個立と協同――石水期・清沢満之を手掛かりとして」(『親鸞教学』第八二・八三号、二〇〇四年)。

近代と真宗――宗教的「個」の系譜

「近代と真宗――宗教的「個」の系譜」(『同朋仏教』第四八号、二〇一二年)。

人間成就の教育――清沢満之の教育観

「人間成就の教育――清沢満之の教育観」(『会報 二〇一一年度』、二〇一四年)。

今、清沢満之に憶う――生誕一五〇年にあたって

「今、清沢満之に憶う――生誕百五十年にあたって」(『信道 二〇一三年度』、二〇一四年)。

安冨信哉（やすとみ　しんや）

1944年　新潟県村上市に生まれる。
1967年　早稲田大学第一文学部英文学専修卒業。
1973年　大谷大学大学院博士課程真宗学専攻単位取得退学。
1980年　大谷大学真宗学科専任講師。
　　　　その後、助教授、教授、特別任用教授を歴任。名誉教授。
1985年　ウィスコンシン州立大学（マジソン校）仏教学客員研究員。
2006年　東方仏教徒協会（EBS）事務局長。
2010年　真宗大谷派光濟寺住職。
2012年　真宗大谷派講師。
2013年　真宗大谷派教学研究所長。
2017年　３月31日逝去、73歳。

主な著書
『親鸞と危機意識——新しき主体の誕生』（文栄堂）、『清沢満之と個の思想』『親鸞・信の構造』（法藏館）、『『唯信鈔』講義』（大法輪閣）、『シリーズ親鸞　近代日本と親鸞——信の再生』（筑摩書房）、『清沢満之——その人と思想』（共編、法藏館）、『清沢満之集』（編、岩波書店）。

現代思想としての清沢満之

二〇一九年三月三一日　初版第一刷発行

著　者　安冨信哉
編　集　安冨信哉先生三回忌の集い
　　　　実行委員会
発行者　西村明高
発行所　株式会社　法藏館
　　　　京都市下京区正面通烏丸東入
　　　　郵便番号　六〇〇-八一五三
　　　　電話　〇七五-三四三-〇〇三〇（編集）
　　　　　　　〇七五-三四三-五六五六（営業）

装幀者　野田和浩
印刷・製本　中村印刷株式会社

ISBN 978-4-8318-8770-2 C3015